한국인의 부자 유전자

KI신서 13407

한국인의 부자 유전자

1판 1쇄 인쇄 2025년 2월 20일
1판 1쇄 발행 2025년 3월 7일

지은이 한민
펴낸이 김영곤
펴낸곳 ㈜북이십일 21세기북스

인생명강팀장 윤서진 **인생명강팀** 박강민 유현기 이현지 황보주향 심세미 이수진
디자인 MALLYBOOK
출판마케팅팀 남정한 나은경 최명열 한경화 권채영
영업팀 변유경 한충희 장철용 강경남 황성진 김도연
제작팀 이영민 권경민

출판등록 2000년 5월 6일 제1406-2003-061호
주소 (10881) 경기도 파주시 회동길 201(문발동)
대표전화 031-955-2100 **팩스** 031-955-2151 **이메일** book21@book21.co.kr

(주)북이십일 경계를 허무는 콘텐츠 리더

21세기북스 채널에서 도서 정보와 다양한 영상자료, 이벤트를 만나세요!
페이스북 facebook.com/jiinpill21   포스트 post.naver.com/21c_editors
인스타그램 instagram.com/jiinpill21   홈페이지 www.book21.com
유튜브 youtube.com/book21pub

서울대 **가지 않아도 들을 수 있는 명강의!** 〈서가명강〉
'서가명강'에서는 〈서가명강〉과 〈인생명강〉을 함께 만날 수 있습니다.
유튜브, 네이버, 팟캐스트에서 '서가명강'을 검색해보세요!

ⓒ 한민 2025
ISBN 979-11-7357-119-0 04300
    978-89-509-9470-9(세트)

한국인의 부자 유전자

부자의 삶은 무엇으로
결정되는가

한민 지음

21세기북스

프롤로그

부자가 되지 못한다면,
우리는 어떻게 살아야 할까?

한국 현대사는 가난에서 벗어나기 위한 시간이었다고해
도 과언이 아니다. 구한말 이래로 한국인들은 망국과 일
제강점기, 분단과 내전을 겪으며 가난과 궁핍에 시달렸
다. 아이들은 할아버지, 할머니에게서 아버지, 어머니에
게로 이어지는 가난 이야기를 듣고 자랐다. 다행인지 불
행인지 뼈저린 가난은 상승을 위한 동기로 이어졌다.

　　잘 살아보세!

초토화된 국토는 역설적으로 대부분의 사람에게 공평한 출발선을 제공했으며 사람들은 가난에서 벗어나기 위해 그야말로 물불을 가리지 않았다. 그 결과 한국은 가난에서 벗어나 세계적인 경제 대국으로 성장했다. 세계 10위권의 경제 규모, IMF 선정 10대 선진국 등 그동안 대한민국이 이뤄낸 지표들은 한국인이 부자가 되기 위해서 노력한 결과물이다.

가난에서 벗어나 잘 살게 되었지만 부자가 되겠다는 우리의 동기는 바뀌지 않았다. 부와 명예를 가지기 위한 전통적인 방법인 교육을 비롯해 부동산, 주식, 코인 등 부자가 되기 위한 다양한 방법이 개발되었고 온갖 미디어에는 부자로 만들어주겠다는 광고들이 넘쳐난다.

그러나 정작 부자가 될 가능성은 점점 줄어들고 있다. 돈이 돈을 낳는 세상이다 보니 양극화가 심해지고 경쟁 또한 격화된다. 그간의 성장으로 가시적인 성과를 이루기 어려워진 측면도 있다. 워낙에 가진 것이 없어서 금방 눈에 띄게 살림이 불어나던 시기는 이미 지나버렸다. 이제 다른 사람보다 부자가 되려면 예전보다 훨씬 많이 벌고 훨씬 많은 것을 가져야 한다.

또한 세계 경제의 침체, 산업구조의 변화, 악화 일로의 국제 정세와 심화되는 환경 재난 등은 상황을 더욱 악화시키고 있다. 이러한 상황에서 더 이상 잘 살 수 없다는, 부자가 되기 힘들다는 좌절은 점점 더 커진다. 낮은 행복도와 높은 자살률, 세계 최저 수준의 출생률, 심화되는 사회 갈등과 늘어나는 혐오 범죄는 현대사회를 살아가는 한국인의 좌절을 반영한다.

한국인은 간절히 부자가 되기를 바랐고, 실제로 어느 정도 부를 손에 쥐었지만 더욱더 부자가 되길 원했다. 그러는 동안 한국 사회는 세계 최고 수준의 경쟁과 그에 따른 스트레스, 불안과 우울, 사회적 갈등에 휩싸이게 되었다. 우리가 더 부자가 되어야만 이 모든 문제를 해결할 수 있을까?

지금 한국인은 답을 찾는 중이다. 왜 나는 부자가 되지 못할까? 나라 탓이다, 문화 탓이다, 기성세대 탓이다, 나보다 먼저 부자가 된 이들 탓이다. 그 어느 때보다 커진 불안과 우울, 그 어느 때보다 격화된 사회 갈등은 내가 부자가 되지 못한 이유를 외부와 다른 이에게 투사한 결과다. 하지만 이는 옳은 질문이 아니다. 우리가 해야 할 질문은 내가 부자가 되지 못하는 이유가 아니라 내가 부자가 되어야 할 이유다.

나는 왜 부자가 되어야 할까? 부자가 되는 것이 내가 사는 이유일까? 부자가 되지 못하면 실패한 삶일까? 그렇지는 않을 것이다. 부자가 되는 건 쉽지 않다. 또한 한국 사람 모두 부자가 될 수도 없다. 대부분의 사람이 부자가 되지 못하는 현실에서 부자가 되지 못한 삶을 실패라 규정할 수는 없다.

부자가 되는 것이 삶의 이유라면 부자가 되기 위해 최선을 다하면 된다. 그러나 삶의 이유가 부자가 아니라면 자신만의 이유에 충실한 삶을 살아가야 한다. 중요한 것은 자신이 살아갈 이유다.

이 책은 살아갈 이유에 대한 책이다. 우리는 왜 부자가 되고 싶을까? 부자가 된 다음에는 무엇을 해야 할까? 그리고 부자가 되지 못한다면 무엇을 붙들고 살아야 할까? 한국인의 부자 열풍은 삶을 위한 최소한의 조건마저 충족되지 않았던 시기를 지나며 체화된 절박한 욕망이었다. 이제는 그 욕망을 의미 있고 행복한 삶을 위해 전환해야 한다. 그리고 그 답은 스스로에게서 찾아야 한다.

문화심리학자로서 오랫동안 연구해 온 한국인들은 어디서든 가능성을 찾고 현실을 개선하려고 노력하는 사람들이다. 부자가 되기 위해 달려왔던 그간의 노력은 이미 한계에 달했다. 더 이상 답이 나오지 않는 문제에 매달려 있을 수는 없다. 언제까지나 우울과 불안, 좌절에 빠져 있을 수도 없다. 우리는 더 나은 삶을 살 자격이 있다. 그리고 그러한 삶의 조건을 이루어낼 능력도 있다.

남은 것은 삶의 방향을 바꿀 의지다. 손가락을 들고 다음 페이지를 넘겨보자!

2025년 3월
한민

차례

PART 1

돈보다 중요한 것은 없다

∞

부자 열풍의
기원과 현상

수십 년 동안 오르락내리락하는 한국 경제를 버텨낸 한국 사람들은 부자가 되기 위해 다양한 노력을 해왔다. 그중 가장 전통적이면서도 안전한 방법은 교육이었다. 아직까지도 교육은 가장 중요하고도 가장 화두가 되는 영역이다. 2000년대쯤 사람들이 가장 선망했던 직업은 판검사, 변호사, 의사 등이었고 교수도 그중 하나였다. 이런 직업을 선망하고 이런 직업을 가져야 한다는 압박에 몇 년 동안 끝이 보이지 않는 고시 생활을 하는 사람도 있었고 지금도 의대에 많은 수험생이 몰리며, 심지어 초등학생 의대반이 있을 정도다.

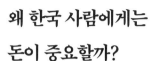

왜 한국 사람에게는
돈이 중요할까?

한국 사회에 깔린 부자 신드롬

요즘 한국은 사회 전반에 '부자 신드롬'이 깔려 있는 듯하다. 최근 몇 년간 한국 사람의 삶을 보면 부자가 되기 위한 노력이 굉장히 다양한 방면에서, 다양한 방법으로 이루어지고 있다. 테슬라나 엔비디아의 주식을 사서 돈을 벌었다거나 위험을 감수한 덕분에 코인으로 벼락부자가 되었다거나 갭투자 등으로 부동산에 투자해 돈을 벌었다는 사람들 이야기가 종종 들리고 부자가 되는 법, 자산을 늘리는 법을 알려준다는 유튜브 채널도 수없이 많다. 인터넷 뉴스에서는 많은 대출을 받아 건물을 구입하거나 투자로 성공했다는 연예인들의 소식이 매일 올라온다. 문자나 카톡으로도 조금은, 아니 많이 의심스럽지만 "아무개 팀장입니다. 믿을 수 있는 주식 정보 공유합니다"라며 당신도 부자가 될 수 있다고 끊임없이 옆구리를 쿡쿡 찌른다.

유튜브나 미디어, 소셜미디어를 보다 보면 한국에서 나 혼자만 부자가 아닌 것 같고, 나 혼자만 부자가되지 못할 것 같고, 나 혼자만 뒤처질 것 같은 불안이 생긴다. 서점에 가서 누구나 부자가 될 수 있다는 책도 사서 보고 30대에 경제적 자유를 이뤘다는 유튜브도 열심히 보지만 과연 얼마나 많은 이들이 진짜 부자가 되었을까? 이렇게 아등바등하는 동안 우리의 살림살이는 얼마나 나아졌을까? 열심히 공부하다 보면 나까지 부자가되는 날이 오기나 할까? 부자가 되기 위해 노력하다가도 이런 의심이 드는 순간이 반드시 오기 마련이다.

2021년 미국의 여론조사 기관 퓨 리서치 센터(Pew Research Center)에서 흥미로운 설문조사를 했다. 전 세계 열일곱 개 선진국을 대상으로 성인 18,850명에게 행복에 영향을 미치는 것이 무엇인지에 대해 질문을 했는데 미국, 영국, 프랑스, 호주, 싱가포르, 일본 등을 포함한 대부분의 나라에서는 가족을 제일 앞에 둔 반면 한국은 돈(material well-being)을 제일 앞에 놓았다. 두 번째는 건강(health), 세 번째가 가족(family)이었다.

흥미롭다고 말했지만 굉장히 충격적인 결과다. 이 결과를 본 사람들과 언론에서는 "큰일이다. 어쩌다가 한국 사람들은 돈밖에 모르는 사람들이 됐을까?"라고 걱정이 이만저만이 아니었다. 하지만 이 통계는 조금 다른 시선으로 볼 필요가 있다.

정말 한국 사람들은 가족보다 돈이 더 중요하고, 그래서 부자가 되기 위해서 필사적으로 노력하는 걸까? 그 맥락을 파악하기 위해서는 먼저 우리의 역사를 되돌아볼 필요가 있다. 우리에게는 부자가 돼야 할 간절한 이유가 있었던 것이다.

조선 후기의 상황을 풍자한 풍속화

조금 멀리 가서 근대를 지나 조선 후기로 거슬러 올라가 보자. 아마 우리 할아버지의 할아버지가 살았던 시기일 것이다. 이 시기에 삼정(三政)의 문란(紊亂)이라고 해서 국가를 운영하는 데 기본이 되는 세금(전정田政), 군포(군정軍政), 환곡(환정還政) 제도에 부정부패가 일어났다. 외세의 침략과 세도 정치로 조정이 혼란하니 세금, 군포, 환곡을 규정에 맞춰 제대로 거두는 것이 아니라 지방관이 마구잡이로 거두었고 그 결과 백성들의 삶은 힘들고도 억울해졌다. 내부에서는 부정한 윗사람의 횡포로, 외부에서는 끊임없는 약탈로 먹고살기는커녕 생명을 유지하는 것조차 어려운 상황이 계속되었으니 민중의 삶은 어떠했을까? 열심히 농사를 지어도 여기저기서 뜯어가니 세금을 내고 나면 먹을 것도 없고 흉년이라도 들면 찢어지게 가난해지니 배를 곯는 게 당연해지는 나날이 이어졌다.

백성들은 이렇게 처참한 상황인데도 부패한 조정은 백성을 더 힘들게 할 뿐만 아니라, 외세를 제대로 막지 못하니 한국의 이권까지 넋 놓고 빼앗긴다. 금광채굴

권이나 철도부설권, 통신시설권 등을 일본, 청, 러시아, 미국 등 여러 나라에서 뜯어가는 걸 막지 못했다.

당시의 상황을 풍자한 풍속화를 보면 한국이 청군과 러시아군 등에게 짓밟히고 뜯어 먹히고 나눠 먹히고 있다. 한 국가의 상황이 이럴진대 계층의 바닥에 있는 백성들의 삶은 너무나 처절할 수밖에 없었다.

결국 1910년에는 일제에 국권을 빼앗기고 암울한 일제 강점기가 시작된다. 500년이 넘게 유지되었던 조선이 무너지고 한반도를 발판으로 섬나라에서 벗어나 제국주의를 이루고자 했던 일본으로 국권이 넘어가고 만 것이다. 일제 강점기에 우리나라는 국권뿐만 아니라 물자와 재산, 인권과 사람까지 무차별적으로 약탈당했다. 쌀이나 놋그릇 등 수많은 물건이 일본으로 공출되고, 심지어 절에 있는 종, 집에서 쓰는 요강, 놋으로 만든 밥그릇까지 싹 다 빼앗겼다. 놋그릇이 없으면 사기그릇에 먹거나 나무그릇에 먹어도 되지만 돈이 될 만한 것, 살기 위해 필요한 것, 먹을 것까지 모조리 빼앗아가니 그릇에 담아 먹을 곡물조차 없는 시대였다. 일제 강점기

말기에는 항공유로 쓰기 위해 뒷산 소나무에서 송진을 짜 뺏어갈 정도였다는 어르신들의 이야기를 들은 적도 있다.

　　일제의 공출은 물자에서 끝나는 것이 아니었다. 강제징용, 강제징병에 위안부로 사람을 끌고 가서 강제로 전쟁에 밀어 넣고 성적으로 착취하고 노동을 시켰다. 그렇게 끌려간 이들은 전쟁터에서 죽거나 열악한 환경에서 과도한 노동으로 사망하거나 실험체가 되어 죽거나 학살을 당하기도 했다. 겨우겨우 한국에 돌아와서도 몇십 년 동안 제대로 된 보상도 사과도 받지 못하고 결국 한 분씩 세상을 떠나고 있다.

　　이 가난하고도 처절한 역사가 100년도 되지 않은 일이다. 지금은 전쟁과 식민의 그림자가 거의 사라졌기에 이 시기의 일들을 역사책에서나 나오는 옛날이야기라고 생각하지만 사실 우리 할아버지, 할머니 때의 일이다. 불과 80, 90년 전의 일로, 일제 강점기에 태어난 분 중에는 그 시기를 몸소 겪었고 아직도 생생하게 기억하는 사람도 많다. 겨우 두세 세대 전에 한국 사람들의 삶

은 지금의 풍요로움과 자유로움은 상상도 할 수 없을 정
도로 혼란스럽고 궁핍했던 것이다.

해방 이후 한국인들의 삶

드디어 1945년 일제의 손아귀에서 벗어나 해방을 맞았
다. 하지만 1950년, 일제 강점기에서 벗어난 지 겨우 5년
만에 6.25전쟁이라는 민족의 비극이 일어난다. 1950년
초반에 태어난 분들은 전쟁 시기에 태어났거나 전쟁의
여파를 겪은 세대다. 가뜩이나 일제 강점기를 거치면서
없는 형편에 가난한 살림살이마저 박살 나던 시기였다.
삶의 터전을 잃고 피난을 떠나야 했고 피난길에 가족을
잃거나 전쟁에 끌려가 돌아오지 못한 이들이 수없이 많
았다. 더하여 남쪽과 북쪽이 휴전선으로 나눠지며 가족
이 뿔뿔이 헤어지게 되었고 전쟁의 상흔이 한반도에 뿌
리 깊게 남았다.

　　이 시기에 사람들의 삶을 피폐하게 만든 건 전쟁
만이 아니었다. 한국에는 이념이라는 이유로 발생한 불

행한 역사가 있다. 국군과 서북청년단 등의 극우 세력에 의해 잔인한 학살이 일어난 국민보도연맹사건, 1947년 3월부터 무려 8년 가까운 기간 동안 좌익 세력을 없애겠다는 핑계로 힘없는 제주 도민들을 무참히 학살한 제주 4.3 사건 등으로 이념과는 무관한 많은 이들이 가족을 잃었고 삶의 터전이 파괴되었다.

집이 부서지고, 재산을 잃고, 가지고 있던 것을 지키지 못한 이들이 많았다. 이때 먹던 대표적인 음식이 꿀꿀이죽이었을 정도니 얼마나 가난했는지를 조금이나마 상상할 수 있다. 꿀꿀이죽은 미군 부대에서 나온, 말하자면 미군들이 먹고 남은 음식물 쓰레기를 한데 모아서 끓여 먹은 것이다. 꿀꿀이죽 안에는 담배꽁초 등의 쓰레기가 나올 정도였고 먹고 나면 배가 아프기도 했으나 그조차도 없어서 못 먹었다. 일제 강점기를 겪은 분들, 다시 말해 지금 중년 세대들의 부모님 세대, 청년 세대들의 할머니, 할아버지가 이런 삶을 살았다. 일제 강점기와 마찬가지로 힘없는 서민은 찢어지게 가난했던 시절이었다.

1960년대 들어 경제개발계획이 진행되긴 했으나 워낙 인프라가 부족한 상황이라 그 효과는 미미했다. 도로, 항만, 철도, 통신 등 인프라 구축과 함께 경공업 위주의 수출 주도 전략으로 의류와 가발 등 공산품 산업이 발전했지만 전후 베이비 붐으로 폭발적으로 늘어난 인구 때문에 일자리는 여전히 부족했고 서민들의 살림살이는 여전히 어려웠다. 1998년에 방영한 드라마 〈육남매〉가 이 시절을 잘 보여준다.

1970년대는 개발의 시대였다. 1970년대의 개발 붐을 대표하는 것이 새마을 운동이 아닐까 싶다. 근면과 자조, 협동 정신을 바탕으로 "잘 살아보세"라는 구호 아래에 정부의 주도하에 전개된 개발 운동이다. 지금도 새싹 모양의 로고가 그려진 초록색 모자를 볼 수 있는데, 초록색 바탕에 노란색의 새싹 모양 로고가 새마을 운동의 이미지를 대표한다. 새마을 운동으로 사람들의 삶은 크게 달라졌다. 도시와 농촌에 신작로가 나고, 상수도를 설치하고, 마을회관을 세우는 등 다양한 방면에서 환경이 개선된 것은 물론, 잘 살 수 있다는 희망이 생기기 시작했다.

그리고 같은 시기에 농업 사회에서 산업 사회로의 전환이 이루어진다. 경공업 위주의 가발 공장, 섬유 공장 같은 것들이 들어서고 농사짓던 사람들의 자녀들이 공장으로 취업하고 회사에 속하는 삶이 시작된다. 사람들은 예전처럼 농사를 지으면서 살겠다고 생각하지 않았다. '농사를 지으면서 살면 가난하다'라는 생각이 여러 세대를 지나면서 뿌리 깊이 남아 있었기 때문에 공장이나 도시에서 새로운 삶을 찾는 시기였다.

희망찬 개발의 시대였지만 서민들의 삶이 확 달라지지는 않았다. 열심히 돈을 벌었지만 노동 조건이 너무나 열악했기 때문이다. 노동자들은 좁은 공장에서 하루에 열 시간 이상 일해야 했다. 주말은커녕 화장실 갈 시간도 없었다. 그렇게 일을 하고도 월급은 충분치 않았다. 우리네 할아버지, 부모님 세대는 농사짓던 분들이니 딱히 돈이 나올 데가 없었다. 땅 팔고 소 팔아서 여러 형제자매 중에 한 명, 대개 큰아들만 고등교육을 시켰다. 다른 형제자매들은 공장에 다니거나 남의 집에서 식모살이를 하면서 집안의 명운을 짊어진 한 사람을 공부시켜야 했다.

1980년대에 이르면 10년 이상 지속된 사회의 여러 가지 문제점이 튀어나오기 시작한다. 노동자들의 건강과 환경을 무시한 결과, 수많은 직원이 이황화탄소에 중독되어 합병증과 사망까지 이르게 된 원진레이온 사태, 위험한 환경과 진폐증이라는 불치병까지 일으키는 탄광업 등 산업재해가 계속 발생했다.

정치적으로는 오랜 기간의 독재 정부와 군사 정부를 지나면서 언론과 미디어는 핍박받았고 학생들의 데모와 노동운동의 불씨를 제공했다. 공장에서 일하는 노동자들도 야학이나 집회를 통해 인권이나 노동자의 권리를 깨닫게 되었고 민주화에 대한 열망이 강해졌다. 그래서 이 시기에 노동쟁의나 민주화 운동이 활발하게 일어났다.

1960년 4월 19일에 일어난 반독재 민주주의 운동 4.19혁명을 시작으로 1979년 10월 16일부터 박정희 전 대통령의 유신독재에 반대했던 부마민주항쟁, 1980년 5월 18일부터 전두환의 군사독재에 반대해 광주와 전

라남도를 중심으로 일어난 5.18광주민주화운동 그리고 1987년 전두환 군사정권의 장기 집권을 저지하기 위해 일어난 6월 항쟁까지, 1960년부터 1980년대 중후반까지는 혼란스러운 사회에서도 삶의 이유를 찾아서 사람답게, 민주주의의 기치에 맞게 살기 위해 열심히 노력했던 시기였다.

기록을 보면 이 시기 대학생들이 민주화 운동의 주역이 되었지만 당시 대학 진학률은 30퍼센트밖에 되지 않았다. 그러니까 민주화의 열망이 커지고 노동자들의 권리를 찾으려는 시도와는 별개로 여전히 사람들의 삶은 너넉하지 않은 시기였다. 대기업이 성장하고 경제 개발계획이 어느 정도 성과를 이루며 전체적인 삶의 조건은 조금씩 나아지고 있었지만, 여전히 가난에서 벗어나는 것이 최우선 과제였다.

1980년대 중반이 넘어가면서는 경제 성장에 어느 정도 가시적인 성취가 나타나기 시작한다. 텔레비전 산업, 전자 산업, 자동차 산업 등이 크게 발전하면서 집에 텔레비전을 놓거나 냉장고, 세탁기 같은 가전제품이 대

중화되며 삶의 표준이 형성되기 시작한다. '마이카(My car)'라는 단어가 유행어가 되기도 했는데 그만큼 자가용을 보유한 가정이 늘어난 덕분이다.

당시 광고를 보면 무척 흥미로운 카피가 나온다. 광고에서 "아직도 이걸 모르세요?" "아직도 이게 없으세요?" 등의 말을 들으면 사람들은 '우리만 없나?' '나도 하나 사야 하나?' 싶은 생각이 든다. 어느새 먹고살기를 고민하기보다는 어떻게 하면 좀 더 갖추고 살 수 있을까를 고민하게 되었다.

경제와 사회의 변화에 따라 식생활도 바뀌기 시작했다. 피자, 햄버거, 치킨 등 프랜차이즈가 하나둘 생기기 시작하고 고기나 패스트푸드를 예전보다 더 자주 먹게 되었다. 1980년대 초반에는 고기를 한 달에 한 번 먹었다면 1980년대 중후반부터는 산과 들에서 버너에 고기 굽는 냄새가 사라지지 않던 시절이었다. 그 정도로 형편이 폈다는 말이다.

또한 자동차가 보급되면서 이런 말이 나오기도 했다. "자가용을 타고 다녀 버릇하면 버릇이 나빠진다." 당시만 해도 도로도 깨끗하게 정리되지 않았고 주차 시설도 마땅치 않은데 차가 많이 늘어나니까 여러 가지 문제가 생기기도 했다. 명절에는 자가용을 타고 도시에서 고향으로 내려가다 보니 이때부터 설날이나 추석이 되면 '민족 대이동'이라는 표현까지 뉴스에 등장할 정도였다.

1990년대가 되면 민주화 운동도 어느 정도 성과를 이루고 사람들의 삶의 수준도 올라가면서 개인주의적 가치관을 추구하는 청년들이 나오기 시작한다. 소위 X세대의 등장이다. 그동안 이루어낸 물질적인 배경을 비탕으로 문화의 변화가 시작되었다고 볼 수 있다.

IMF 외환 위기가
미친 영향

계속되는 경제 위기와 팬데믹의 출현 ————

그러던 중 1997년 IMF 외환 위기, 즉 국가 부도 사태가 일어난다. 2018년 개봉한 영화 〈국가부도의 날〉을 보면 당시의 상황이 잘 드러나는데, 누구나 이름만 들어도 알 만큼 유명한 대기업이 부도가 나고 그곳에서 뼈를 묻고자 했던 직원들은 하루아침에 직장을 잃었다. 대기업에서 하청을 받았던 중소기업은 월급을 주지 못하는 상황이 되자 사장이 극단적인 선택을 하거나 야반도주해 가정이 해체되는 일들이 생겼다. 돈을 벌어오던 가장들이 직업을 잃으니 당연히 살림이 또다시 어려워졌다. 대학생들은 부모님의 실업으로 학비를 내기가 어려워졌으며 직장인들은 회사에서 자신의 자리를 지키는 것조차 힘들었고 취업 준비생들은 일자리가 없어 사회에 발을 내딛기조차 못했다.

엎친 데 덮친 격으로 IMF 외환 위기 와중에 카드 대란까지 발생했다. IMF 외환 위기는 2001년 8월까지 거의 4년 정도 지속되었는데, 1990년대 후반 신용카드를 이용한 경기 부양 정책이 있었다. 배우 김정은이 손을 모으고 "부자 되세요"라고 말하는 광고처럼 사람들은 카드를 쓰면 왠지 부자가 될 것 같은 느낌이 들었다. 그때그때 현금이 빠져나가는 것과 달리 카드값이 쌓이고 그 카드값을 목돈으로 갚아야 한다는 걸 제대로 인식하지 못하고 무분별하게 카드를 사용했고 덕분에 경기는 어느 정도 활성화되었지만 카드 대란이라는 사태가 발생한다.

신용카드사에서는 저소득지와 미성년자에게도 카드를 발급해 주었고 사람들은 신용카드 사용에 경각심을 가지지 못했다. 경제 활동 인구 1인당 보유 카드가 4.6장이었을 정도였으며 발급된 신용카드는 1억 장에 가까웠다. 점차 현금 서비스로도 카드빚을 감당하지 못하게 되며 2003년 신용카드 연체율은 14퍼센트에 달했고 카드사에서 대출을 막은 뒤에는 신용카드 관련 신용불량자가 240만 명에 이르렀다.

국제통화기금 IMF에서는 한국 기업에 가혹한 구조조정을 요구했고 다시 취업이 힘들어졌다. 정규직이 줄어들고 비정규직 일자리들이 늘어났으며, 취업자들의 스펙이 마구 올라가고 스펙이 좋아도 좋은 일자리는 한정돼 있었다. 기업은 이미 다니던 사람들도 내보내야 할 상황이니 사람을 뽑는 것도 어려워졌다. 2009년에도 미국 서브프라임 모기지 사태로 금융 위기가 촉발되고, 2010년대 세계화로 인해 많은 기업이 해외로 빠져나가며 중산층을 책임지던 일자리들이 사라졌고, 최근 코로나19 팬데믹을 거치며 양극화가 심화되었다.

부자 아빠가 될 것인가, 가난한 아빠가 될 것인가 ───

이렇듯 한국 사람들은 살아남기 위해서는 돈이 필요하다는 것을 역사적인 경험을 통해서 체화했다. 가난해서 배우지 못했고 가난해서 남에게 무시당했으며 가난해서 가족을 지킬 수 없었던 일이 주위에서 끊임없이 일어났다. 때로는 우리 집에 닥친 현실이기도 했다. 이러한 경험을 거쳤기 때문에 '돈만큼 중요한 게 없다. 돈이 없으면 가족도 지킬 수 없다'라는 생각을 마음 깊이 가지게 된 건 아닐까?

그렇기에 퓨 리서치 센터의 설문조사를 "한국 사람들은 각박하다. 가족보다도 돈이 먼저고, 돈밖에 모르는 사람들이다"라고 단정짓는 것은 역사적 맥락에 대한 이해가 부족한 판단이다. "한국 사람들은 일제 강점기와 6.25전쟁을 겪으며 오랜 시간 가난을 겪었고 불안한 경제 상황을 경험하면서 가족을 건사하기 위해서, 가족과 더 행복하기 위해서 가장 먼저 돈이 필요하다고 생각하게 되었다"라고 이해하는 편이 옳지 않을까.

2000년 로버트 기요사키(Robert Kiyosaki)와 샤론

레흐트(Sharon Lechter)의 책《부자 아빠 가난한 아빠》가 서점가를 휩쓸었다. 우리나라에서만 300만 부 이상이 판매되었고 전 세계적으로도 밀리언셀러가 되었다. 제목만 봐도 누구나 부자 아빠가 되고 싶지 가난한 아빠가 되고 싶지는 않을 것이다.

"부자 되세요!"와《부자 아빠 가난한 아빠》열풍에 이어 부자가 되고 싶은 한국인들의 욕망이 두드러졌던 사건은 2007년 대선에서 이명박 후보가 당선한 것이다. 이명박 전 대통령은 한국 개발 시대의 상징이다. 그는 가난한 집에서 태어나 고학생 출신임에도 불구하고 당시 승승장구하던 현대건설의 평사원으로 입사해 사장 자리까지 차지하며 샐러리맨의 신화가 되었다. 회사를 떠난 뒤에는 서울시장을 거쳐 대통령까지 되었으니 이명박 전 대통령의 당선은 재벌이나 부잣집에서 태어나지 않은 사람들에게 나도 저 사람처럼 부자가 될 수 있다, 저런 사람이 대통령이 되면 나도 부자로 만들어줄 것이다, 라는 어떤 시대적 욕망의 결과였다. 이것이야말로 부자 열풍 아래 흐르는 한국인들의 욕망이다.

한국에서
부자가 되는 방법

대기업과 자영업 사이에서 ─────

수십 년 동안 오르락내리락하는 한국 경제를 버텨낸 한국 사람들은 부자가 되기 위해 다양한 노력을 해왔다. 그중 가장 전통적이면서도 안전한 방법은 교육이었다. 아직까지도 교육은 가장 중요하고도 가장 화두가 되는 영역이다. 2000년대쯤 사람들이 가장 선망했던 직업은 판검사, 변호사, 의사 등이었고 교수도 그중 하나였다. 이런 직업을 선망하고 이런 직업을 가져야 한다는 압박에 몇 년 동안 끝이 보이지 않는 고시 생활을 하는 사람도 있었고 지금도 의대에 많은 수험생이 몰리며, 심지어 초등학생 의대반이 있을 정도다.

하지만 일반적으로 선망하는 직업은 대기업에 취직하는 것으로 보인다. 그 이유는 대기업과 중소기업의 연봉 격차가 굉장히 크기 때문이다. 처음에는 이렇게까지 차이가 나지 않았지만 1990년대 중반 이후로 대기업과 중소기업의 연봉 격차가 벌어지기 시작해서 지금은 그 격차를 메꿀 수 없을 정도다. 통계청의 자료에 따르면, 대기업과 중소기업의 연봉 격차는 재직 1년 미만일 때는 924만 원, 재직 1년에서 3년 사이일 때는 1560만 원, 5년에서 10년일 때는 2136만 원, 20년 이상일 때는 3900만 원에 달한다. 재직 1년 미만의 신입의 경우 중소기업에 다니면 연봉이 2000만 원 정도지만 대기업에 다니면 3000만 원에 달하며, 재직 20년이 넘어가는 경력자의 경우 중소기업에 다니면 연봉이 6000만 원이 안되고 대기업에 다니면 1억 가까운 연봉을 받을 수 있는 것이다. 이 격차는 점점 더 벌어지고 있다.

누구나 대기업에 다니면서 더 많은 연봉과 다양한 복지를 받고 싶지 중소기업에서 시작해 적은 연봉과 부족한 복지를 받으면서 어렵게 일하고 싶지 않다. 그래서 공부를 더 많이 하고 스펙을 올리는 사교육 열풍이 시작되었다.

학력에 따른 임금 격차 역시 점점 커지고 있다. 통계청에 따르면, 1995년에는 중졸 이하는 78만 원, 고졸은 86만 원, 전문대졸은 94만 원, 대졸 이상은 126만 원의 임금을 받았지만, 2016년에는 중졸 이하는 191만 원, 고졸은 231만 원, 전문대졸은 263만 원, 대졸 이상은 362만 원의 임금을 받았다. 1995년에는 중졸 이하와 대졸 이상의 격차가 48만 원이었지만 2016년에는 중졸 이하와 대졸 이상의 격차가 171만 원에 달한다. 물가 상승과 화폐 가치를 감안하더라도 엄청난 차이가 아닐 수 없다. 최소한 대학은 나와야 어느 정도는 억울하지 않게 직업을 선택할 수 있고 이런 추세가 대한민국이 GDP 대비 교육비 비율이 OECD 나라 중에서 가장 높다는 결과로 이어졌다.

자영업도 부자가 되는 전통적인 방법 중 하나였다. 우리나라는 자영업자 비율이 굉장히 높다. 다른 나라에 비교해서도 상당히 높은 편인데 이 또한 역사적인 맥락이 있다. 일제 강점기와 6.25전쟁을 거치며 새로운 대한민국이 시작되었고 이전까지 나의 배경은 아무런 소용이 없어졌다. 양반이었든 상놈이었든 똑같이 한 사람의 대한민국 국민이 되었고 물려받은 게 없는 상황에서 부자가 되려면 교육을 받아 좋은 직업을 가지거나 장사를 하는 방법밖에 없었다. 전쟁으로 모든 것이 파괴되고 사라진 상태에서는 취직할 곳도 마땅치 않다. 그래서 사람들이 뭐라도 갖고 나가서 팔면서 한국 자영업의 역사가 시작되었다. 일본에서 김치를 팔아 생계를 꾸렸던 〈파친코〉의 선자나 영화 〈국제시장〉에서 6.25 때 피난민들이 몰려들었던 부산 국제시장의 풍경을 떠올려보면 그 모습을 상상할 수 있을 것이다.

지금도 대기업 연봉이 높기는 하지만 고된 노동강도와 빠른 퇴직이 기다리고 있고, 중소기업은 거기에 더

해 고용 불안정과 저임금에 시달리고 있는 현실이다. 직장 내 차별이나 계약직 문제 등도 발생하고 있기 때문에 회사에 다니며 전전긍긍하면서 불안해하느니 조그마하게 카페라도 차리거나 사업을 해서 먹고살겠다는 생각을 할 수밖에 없다. 이런 이유로 우리나라는 자영업자의 비율이 높다.

OECD 자료에 따르면, 국가별 자영업자 비중이 그리스는 34.1퍼센트, 터키는 32.7퍼센트, 그다음이 대한민국으로 25.4퍼센트다. 반면 일본은 10.4퍼센트, 미국은 6.3퍼센트에 불과하다. OECD 평균이 17.0퍼센트인 걸 보면 우리나라의 자엽업자 비율이 높다는 걸 확인할 수 있다.

또한 뾰족한 수가 없을 때 '사업이나 한번 해볼까?'라는 생각으로 연결될 수 있었던 배경에는 우리가 알고 있는 대기업인 현대, 삼성 등이 자영업에서 시작했다는 사실이 있다. 현대그룹은 정주영 회장이 아도서비스라는 자동차 수리공장을 차린 것이 시초였고 삼성그룹은 이병철 회장이 삼성상회라는 곡물 판매점을 차린

게 시초다. 이들의 성공기를 본 사람들이 "나도 정주영이나 이병철이 될 수 있어"라고 생각하고 사업을 시작하고 또 폐업하고 다시 시작하기도 한다. 물론 예전에는 선택할 수 있는 직업이 많지 않았기 때문에 어쩔 수 없이 자영업을 선택한 사람도 많았다.

부동산, 주식, 코인으로 부를 얻는 방법

전통적으로 부자가 되는 또 하나의 방법은 부동산이었다. 강남 개발 전과 개발 후의 사진을 보면 엄청난 변화에 모두 놀랄 것이다. 개발 전에는 논밭만 있던 강남에 지금은 하늘 높은 줄 모르고 올라간 빌딩이 가득하기 때문이다. 그 모습을 보고 '1960년대에 우리 부모님이 강남에 땅을 샀어야 했는데'라고 생각하기도 한다. 땅을 팔아서 보상금을 받거나 부동산을 사서 세를 받는 것, 건물을 거래하면서 이득을 보는 것 등이 사람들이 가장 빨리 선택할 수 있는 부자가 되는 방법이었다.

1980년대 말부터 목동에 아파트가 들어서고 신시

가지가 생기기 시작했다. 이전에는 서울에도 2층 주택이나 3층 주택이 많았지만 이런 주택가를 모두 밀어버리고 대규모 아파트로 단지화하면서 서울의 풍경 자체가 변해버렸다. 이전의 단독주택은 집값이 그다지 비싸지 않아서 지방에서 땅을 팔면 서울에서 주택을 지을 수 있었지만 신시가지가 생기고 재개발이 시작되면서부터 집값이 큰 폭으로 올랐다. 실제로 부동산으로 돈을 많이 번 부동산 큰손이나 부동산 투자법도 나오곤 했던 시기였다.

지금도 수도권의 인구 과밀화로 신도시가 계속 만들어지고 있다. 1차, 2차에 이어 2018년에 3차 신도시가 발표되었다. 성남에서 일산까지 신도시가 발표되면 개발 호재로 보고 사람들이 몰리면서 동네 상가의 50퍼센트 이상이 부동산 중개업소가 된다. 부동산 경기가 활성화가 됐던 시기에 부자가 된 사람도 많다. 오래된 5층짜리 계단식 아파트에 살다가 1980년대 후반에 신도시의 대단지 아파트를 분양받으면서 아파트 가격이 뛰고 자산이 늘어나고, 이런 식으로 자산을 늘릴 수 있었다.

토지보상·부동산개발정보 플랫폼 지존에 따르면, 2022년 전국 토지보상 예정 사업지구 총 92곳을 기준으로 지역별 토지보상금 예상 규모를 산출한 결과 수도권은 25조 4501억 원(84.4%)이며 비수도권은 4조 7824억 원이었다. 지역별로 보면 경기도 고양시가 6조 7130억 원, 경기도 남양주시가 6조 970억 원, 경기도 용인시가 4조 8786억 원이었다.

이렇듯 부동산은 최근까지도 '부동산 불패'라는 말이 있을 정도로 한국에서는 부자가 되는 가장 확실한 수단이었다. 하지만 최근 부동산에도 한계가 나타나기 시작했다. 코로나 때 거의 피크를 찍었지만 금리가 올라가고 경기가 어려워지고, 결정적으로 인구가 감소하면서 집을 사는 사람이 점차 줄어들고 있다. 부동산도 끝물이라는 생각으로 다른 방향을 찾는 이들이 많다.

재능이 필요한 분야지만 스포츠·문화 계열에서 부자가 되는 방법도 있다. 대표적으로 IMF 외환 위기 시절에 박세리 선수가 있었다. 아침 이슬 노래와 함께 IMF 외환 위기로 힘들었던 국민들에게 용기를 주었던 박세리 선수 덕분에 박세리 키즈가 양산되고 골프 상금을 쌕쓸이해 오기도 했다. 또 박찬호 선수의 메이저리그 돌풍과 2002년 월드컵 축구 열풍이 불며 자녀가 있는 부모님이 우리 애가 공부는 좀 어렵겠고 스포츠 쪽으로 활동해서 아이가 부자가 됐으면 좋겠다는 움직임도 있었다. 최근에는 프로게이머도 새로운 부자의 길로 자리매김하고 있다.

지금은 전 세계적으로 케이팝 시대다. 한류로 케이팝이 인기를 얻고 있기에 케이팝 스타가 되기 위해 댄스, 소속사 오디션, 이런 쪽으로 아이들을 지원하면서 우리 아이가 부자가 되었으면 좋겠다는 부모님들의 바람이 이어지고 있다. 또 유튜브 시대가 되면서 '유튜브를 하면 부자가 된다', '조회수 몇 만이 넘으면 수입이 얼마다', '이 정도 구독자면 대기업 1년 연봉을 매월 벌 수 있다' 등 사람들의 욕심을 자극하는 기사가 계속 뜨고 유튜브로 성공할 수 있다는 기대가 높아지고 있다. 커리어 플랫폼 사람인의 자료에 따르면, 성인 남녀 3,543명을 대상으로 설문조사를 한 결과 유튜버 도전 의향이 있는 사람이 63퍼센트였다. 열 명 중 여섯 명이 유튜버를 하고 싶다고 한 것이다. 분야로는 일상 유튜브가 31.1퍼센트, 게임 유튜브가 13.9퍼센트, 먹방 유튜브가 10.4퍼센트였다. 하지만 장비부터 사서 도전하다가 구독자가 늘지 않고 영상을 올리기 힘들어져 금방 포기하는 이들도 많았다.

당연히 부자가 되는 건 어려운 일이다. 여러 가지 방향이 많이 생겼지만 부자가 되는 길은 당연히 쉽지 않다. 하지만 한국 사람들은 어떤 상황에 쉽게 순응하지 않는다. 포기하지 않고 새로운 방법을 찾아 '나도 부자가 돼야지!' 하며 끊임없이 고민하고 노력해 왔다.

최근 많은 사람이 도전하는 부자가 되는 길 중에 주식과 코인이 있다. 한국예탁결제원 조사에 따르면, 코로나가 시작된 2020년부터 주식 시장이 폭발적으로 성장했다고 한다. 연도별 주식 투자자 증가율이 2019년에는 전년 대비 여성은 7.1퍼센트, 남성은 12.1퍼센트가 증가했고, 2020년에는 여성은 61.3퍼센트, 남성은 40.8퍼센트나 증가했다고 한다. 비슷한 시기에 비트코인을 비롯한 전자화폐가 돈이 된다는 정보가 돌았고 경기를 부양하기 위해 모든 나라에서 돈을 엄청나게 풀었는데 이 돈이 주식과 코인으로, 또 부동산으로 몰리는 현상이 있었다. 진짜로 부자가 된 사람도 있었고 또 누가 부자가 되었다는 소문도 나니 많은 사람이 유입되었고 당연히 큰돈을 잃는 사람들도 생겼다.

위험을 감수하는
한국인의 심리적 특성

투자라 부르는 투기에 빠진 사람들 ————————

이 시점에 한국 사람의 투자 경향성은 위험을 감수하는 측면이 있다는 점을 생각해 봐야 한다. 투자와 투기는 엄연히 다르다. 《현명한 투자자》의 저자이자 미국의 투자자, 경제학자인 벤저민 그레이엄(Benjamin Graham)은 "투자 행위란 철저한 분석에 바탕을 두고 투자 원금의 안정성과 적당한 수익성이 보장되는 것을 말하며, 이 모든 조건을 충족시키지 못하는 행위는 투기적인 것이라 말할 수 있다"라고 했다. 즉, 투자는 분석에 바탕을 두고 원금이 보장된 상태에서 적당하게 수익을 내는 행위다. 분석도 없이 감으로, 지인의 소개로, 누군가의 권유로, 또는 원금 보장이 안 되는 상태에서 일확천금을 꿈꾸며 내가 가지고 있는 돈보다 더 많은 돈을 빚을 내 투자하고, 세 배, 네 배, 열 배로 돈을 불려준다는 말을 듣고 투자하는 것은 투자가 아니라 투기다.

하지만 우리나라에서는 투자라고 부르는 투기가 굉장히 많이 이루어진다. 특히 주식과 코인 시장에서 이런 현상이 두드러지는데, 그 영향으로 영끌, 빚투라는 말까지 생겼다. 영끌은 영혼까지 끌어다가 대출을 받는다는 말이고, 빚투는 빚을 내서 투자한다는 말이다.

아파트가 워낙 비싸다 보니 대출도 받고 주변에 빌려서 영혼까지 끌어모아 돈을 마련한다. 또 주식이 잘된다니까 내가 가지고 있는 돈만 넣으면 만족할 만한 수익이 나오지 않으니 더 많은 수익을 내기 위해서 빚을 내서 많은 돈을 투자한다. 그만큼 집값이 오를 테니 이익을 볼 수 있을 것이고, 그만큼 수익도 커지니 빚쯤은 금방 갚을 것이라고 생각한다. 이런 식의 투자 행위는 투기에 해당한다.

왜 한국인은 위험 요소를 고려하지 않을까? 한국 인만이 가진 심리적 특성 때문은 아닐까? 이를 알기 위해서는 한국의 문화를 살펴봐야 한다. 한국 사람들이 예전부터 사랑했고 꾸준히 콘텐츠로 만들어온 역사적이면서 전설적인 인물들이 있다. 의적 홍길동, 대도 임꺽정, 산적 장길산, 협객 일지매 등이다. 이 사람들의 공통점은 무엇일까? 모두 도둑이라는 점이다. 실제로 존재했던 사람도 있고 상상의 인물도 있지만 드라마로도 소설로도 영화로도 인기 있었던 인물들이다. 이들을 보면 한국 사람들은 도둑에게 카타르시스를 느낀다고 볼 수 있다.

도둑이 하는 일은 무엇일까? 물건을 훔치는 것이다. 이들이 대중의 열광을 받는 이유는 부자에게 돈이나 패물을 훔쳐서 가난한 사람들에게 나눠주기 때문이다. 소위 의적이라고 하는데 홍길동은 대표적인 의적이며, 임꺽정은 실제로는 약간 다르지만 드라마에서는 의적으로 나온다. 일지매도 부잣집에서 도둑질하고 매화 모양의 표창 하나를 꽂아놓고 나온다는 데서 일지매(一枝梅)라는 이름이 나왔다. 2014년에 개봉해 인기 있었던 윤종빈 감독의 영화 〈군도: 민란의 시대〉도 도둑에 대한 영화다. 영화의 배경은 삼정의 문란이 있었던 조선 후기이며 하정우, 이성민 등이 탐관오리 강동원에 대적하는 의적으로 활약한다.

　의적은 다른 말로 하면 부를 재분배해 주는 사람이다. 의적 이야기에는 그들이 돈을 훔치는 부자나 양반이 등장하는데, 이들은 절대 좋은 사람들이 아니다. 민중의 피를 빨고 고혈을 짜내서 부정한 방법으로 재산을 축적한 나쁜 사람들이다. 그래서 민중들은 불만이 많을 수밖에 없었다. 부가 제대로 돌아가지 않는다, 내가 가난한 이유는 저런 나쁜 부자들이 존재하기 때문이다, 누군가가 이 사람들을 혼내주고 그 돈을 빼앗아 우리에게 나눠줬으면 좋겠다는 바람이 의적 이야기에 담겨 있는 것이다. 옛날부터 부자가 되고 싶었던 사람들의 욕망이 도둑 이야기에 담겨 있고 그렇기에 도둑 이야기에 열광하게 된다.

현대사회에서도 조세형이나 신창원이 화제가 되었다. 이들은 의적이 아닌데도 그들이 경찰의 수사를 피해 도망 다닐 때 사람들은 그들이 잡히지 않기를 바랐다. 이들이 계속 도망 다녔으면 좋겠다고 시민들이 인터뷰를 할 정도였으며 신창원이 잡혔을 때 입었던 옷이 큰 유행이 될 정도로 화제였다. 한국 사람들은 분명 도둑에게 투영하는 무엇인가가 있다.

비현실적 낙관성이 높은 한국 사람들 ──────

그렇다면 다시 돌아와서 한국인들은 왜 위험을 감수하고 투기에 빠지는 걸까? TVN 프로그램 〈어쩌다 어른〉에서 소개한 심리학자 대니얼 카너먼(Daniel Kahneman)의 연구를 보자. 여기, A 조건과 B 조건이 있다. A 조건은 1억 원을 무조건 준다. 100퍼센트로 1억 원을 준다. 뭔가를 해야 주는 게 아니라 "이곳에 서 있으면 1억 원을 드려요"다. 반면 B 조건은 확률 게임으로 1억 원을 딸 확률이 89퍼센트다. 그리고 5억 원을 딸 확률은 10퍼센트다. 한 푼도 따지 못할 확률은 1퍼센트다. 이때 한국 사람들은 A 조건과 B 조건 중 무엇을 선택할까?

이런 질문을 하면 대부분 나라의 사람들은 A를 선택한다. 확정된 이익을 얻으려고 하는 게 보편적인 사람들의 심리이기 때문이다. 그것이 카너먼의 연구 내용이다. 그런데 이 질문을 한국 사람들에게 해보면 80퍼센트 이상의 사람들이 B를 선택한다. 아무것도 따지 못할 가능성이 있지만 5억을 딸 확률도 10퍼센트나 되기 때문이다. 그리고 1억을 딸 확률이 90퍼센트에 가깝기 때문에 1억은 이미 따냈다고 생각하는 것이다. 한 푼도 따지 못할 1퍼센트의 확률은 거의 고려하지 않는다. 한국 사람들은 도박적인 위험을 감수하고도 주로 B를 선택한다.

한국인들의 이런 성향은 굉장히 예전부터 기록에 남아 있다. 구한말 한국에 머물렀던 이탈리아 영사 카를로 로제티(Carlo Rossetti)가 쓴《꼬레아 에 꼬레아니(Corea e Coreani)》를 보면 조선 사람들의 성향을 알 수 있다. 카를로 로제티는 1902년부터 1903년까지 7개월 정도 한국에 머물렀는데, 당시 한국은 국권을 일제에 빼앗기기 직전이었고 외세의 침략이 끊임없이 이어지고 있었기 때문에 사람들이 상당히 우울하고 나라 분위기도 침울했다. 그럼에도 불구하고 한국인들은 도박판만 벌어지면 쌩쌩해진다고 기록되어 있다. 빚투 또한 한국인이 가지고 있는 도박적인 심리가 원인이라고 볼 수가 있다.

이런 한국인의 심리를 학술적으로 설명해 보자. 심리학적 개념 중 비현실적 낙관성이라는 개념이 있다. 이 개념을 짧게 설명하면, 현실적인 확률과 관계없이 '나에게는 좋은 일이 더 많이 일어나고 나쁜 일은 일어나지 않을 거야'라고 믿는 낙관성이다. 이를 알기 위해 사람들에게 "보통 사람들은 60세 정도가 되면 암에 걸릴 확률이 20퍼센트가 됩니다. 당신은 암에 걸릴 확률이 몇 퍼센트일 것 같은가요?"라고 질문한다. 그러면 국가 통계로 확률이 나와 있으니 많은 사람이 '나도 20퍼센트겠지'라고 생각한다. 물론 '일반적으로 암에 걸릴 확률이 20퍼센트지만 나는 안 걸리겠지'라고 생각하는 사람도 있다. 어떤 사람들은 "저는 5퍼센트나 1퍼센트요. 저는 안 걸려요"라고 하는데, 이런 대답 안에 비현실적 낙관성이 있다고 본다.

집단주의 문화권을 가졌다고 평가되는 한국, 일본, 중국 세 나라의 비현실적 낙관성을 비교해 본 결과 한국 사람들의 비현실적 낙관성이 일본과 중국에 비해서도 훨씬 높았다. 한국은 8.61점, 중국은 5.16점인데 반해 일본은 0.13점이었다. 이는 일본 사람들 대부분이 통계대로 말했다는 것을 뜻한다.

"일반적으로 60세 이상이 암에 걸릴 확률은 20퍼센트입니다. 당신은 어떨까요?"

"저도 20퍼센트요."

"교통사고로 큰 부상을 입을 확률이 30퍼센트 된답니다. 당신은 어떨까요?"

"저도 30퍼센트요."

모두 이렇게 답하면 0점에 가까운 점수가 나온다. "저는 그럴 확률이 적어요"라고 주장할수록 점수가 높게 나오는데 20문제에 20점이 만점이다. 20문제에 모두

"저는 그럴 확률이 적어요"라고 답해서 20점이 나오면 현실 인식이 안 되는 상태라고 본다. 거의 망상장애 수준의 답인 것이다. 한국 사람들의 점수는 8.61점으로, 굉장히 높은 편이다. 다른 사람들이 암에 걸릴 확률이 20퍼센트라고 하면 나는 무조건 반보다 낮다고 생각하는 게 이 정도 점수라고 보면 된다. 비슷한 문화권의 나라와 비교해도 한국 사람들은 비현실적 낙관성이 대단히 높다.

이런 비현실적 낙관성이 투자에서도 "다른 사람들은 돈을 못 벌어도 나는 돈을 벌 거야", "다른 사람들이 저만큼 부자가 되면 나는 더 부자가 될 거야"라고 작용하는 심리적 속성을 일으킨다. 이런 심리 때문에 빚투라든가 영끌 같은 투기적인 투자의 형태가 나타난다고 볼 수 있다.

비현실적 낙관성의 원인으로 꼽히는 것이 주체성 자기라는 학술적 개념이다. "나를 어떤 존재로 보느냐?"라는 질문에 주체성 자기는 내가 다른 사람들과의 사이에서 더 영향력을 미치는 쪽, '나는 사회적 영향력을 미치는 중심적인 존재'라고 생각하는 것이다. 반대로 대상성 자기는 '나는 사회적 영향력을 받아들이는 쪽에 있다'라고 생각하는 것이다. 주체성 자기는 내가 영향을 미치는 쪽이고 대상성 자기는 내가 다른 사람들의 영향을 받는 쪽이다. 자율성 자기는 '내가 알아서 하겠다. 다른 사람과 관계없이'라고 보면 된다.

	주체성 자기	대상성 자기	자율성 자기
정의	사회적 영향력을 미치는 중심적 존재	사회적 영향력을 수용하는 주변적 존재	사회적 맥락에서 독립된 자율적 존재
목표 지향	자신의 목표를 지향	타인의 목표를 존중	자신의 목표를 지향
관계 욕구	리드, 지도, 통제, 관리	수용, 의존, 보조, 학습	자기 향상, 자기 충족
자기 평가	자신의 가치, 능력, 비전을 높이 평가	타인의 가치, 능력, 비전을 높이 평가	자신의 가치, 능력, 비전을 높이 평가
자기 통제	원심적(외부), 자기 현시	구심적(내부), 자기 억제	자율적, 자기중심적

각각의 개념을 바탕으로 사람들의 특징적인 행동이 나타나는데 첫 번째가 관계 욕구, 자기 평가, 자기 통

제 같은 것들이다. 우선 관계 욕구는 주체성 자기가 우세할수록 다른 사람과 내가 관계를 맺을 때 다른 사람들에게 영향력을 미치는 쪽으로 행동하게 된다. 다른 사람들을 이끌고 싶어 하고 우두머리가 되려고 하고 가르치려고 한다. "이건 이거고 이건 이거야" 또는 "넌 그건 하지 마. 그건 해. 이건 왜 그랬어? 하지 마"라면서 통제하거나 계획을 짜서 관리하려고 한다. 이런 사람이 주체성 자기가 우세한 사람이다.

대상성 자기가 우세하다는 것은 관계 욕구에서 반대로 나타나는데, 다른 사람의 영향력을 받아들이는 쪽에 있다. 누가 뭘 하라고 하면 "그러지"라며 따르고 누가 뭘 하고 있으면 "내가 도와줄까?" 하고 이끄는 대로 따라가고 분위기를 맞추는 사람이 대상성 자기가 우세한 사람들이다.

여기서 연결되는 것이 자기 평가다. 주체성 자기는 자신을 높이 평가한다. 자신의 가치, 능력, 비전을 진짜 가지고 있는 것보다 높이 평가한다. 왜 그럴까? 다른 사람에게 영향력을 미치고 싶은데 내가 별 볼 일 없는 사람이라면 어떻게 될까? 절대 안 된다. 나는 대단한 사람이어야 하고 가지고 있는 가치도 웅대해야 하고 멋진 비전도 보여야 한다. 그래야 내가 한마디를 하면 다른 사람들이 대단하다는 식으로 나의 영향력을 수용할 것이다. 따라서 주체성 자기가 발달한 사람들은 본래의 나보다 자기 평가를 더 높이 하는 경우가 많다.

대상성 자기가 발달한 사람들은 반대다. 나보다는 다른 사람을 높이 평가한다. 속으로는 자기 평가를 어떻게 할지 모르지만 겉으로는 잘 표현하지 않는다. 자기 이야기를 잘 안 하고 누군가가 "나는 이런 생각을 하고 있어. 나는 이런 사람이야"라며 자기 영향력을 뽐낼 때 "대단하다. 명함 한 장 주세요"라며 기분 좋게 받아주고 그 사람들의 영향력을 받아들이려고 한다.

자기 통제는 이 사람들의 행동 양식과 같다. 주체성 자기가 발달한 사람들의 자기 통제 양상을 보면 자기 현시, 즉 외부로 향한다. 나의 영향력이 뻗어나가야 하기 때문에 자기 통제를 외부적으로, 현시적으로 하는 것이다. 현시(顯示)는 드러낸다는 말이다. 그래서 주체성 자기가 발달한 사람들은 이런 식으로 말한다. "내가 누군지 알아? 나 이런 사람이야." 명함을 보면 뭔지도 알 수 없는 직함이 여러 개 찍혀 있다. 무슨 단체, 무슨 회장, 무슨 사장 하며 "나 누군지 알아?"가 튀어나오곤 한다. 그러다 보니 명함을 받았을 때 "이렇게 대단하신 분이었군요"라고 한마디만 해도 무척 좋아한다. 대상성 자기가 우세한 사람들은 구심적 또는 자기 억제라고 하는데 "내가 누군지 알아?" 같은 말은 절대 하지 않고 자신을 잘 드러내지 않으며 남들의 이야기를 들어주는 입장에 있다.

독보적으로 주체성 자기가 높은 한국 사람들

2009년 한국과 일본, 중국 세 나라를 비교한 연구에 따르면, 한국 사람들은 독보적으로 주체성 자기가 우세했다. 세 나라 모두 가장 높은 비율을 차지하는 것은 자율성 자기이며 한국과 중국은 두 번째가 주체성 자기, 일본은 두 번째가 대상성 자기였다. 자율성 자기의 비율은 한국은 57퍼센트, 일본은 50퍼센트, 중국은 가장 많은 70 퍼센트였으며, 주체성 자기의 비율은 한국은 36퍼센트, 일본은 16퍼센트, 중국은 26퍼센트였다. 대상성 자기는 일본이 우세한데, 일본은 34퍼센트이며 한국은 7퍼센트, 중국은 4퍼센트였다.

자율성 자기는 내가 스스로 알아서 하겠다는 측면인데 문화심리학에서는 주로 개인주의 문화권의 서구 사람들이 가지고 있다고 이야기하지만, 집단주의 문화권인 동양 사람들도 50퍼센트 이상에서 자율성 자기가 나타난다. 개인주의 문화권인 미국과 비교해 보면, 미국 또한 자율성 자기의 비중이 가장 크다. 그리고 주체성 자기와 대상성 자기가 적은 비율을 차지한다.

주체성 자기와 대상성 자기의 개념을 바탕으로 한국 사람과 일본 사람의 행동과 문화적 현상을 생각해 보면 그 차이가 확연히 드러난다. 앞에서도 예로 들었지만 한국 사람들은 "내가 누군지 알아?"라고 말하는 사람들이 굉장히 두드러지는 측면이 있다. 현시적이고 과시적이고 남들 앞에서 나를 드러내려는 사람, 그렇게 해서 남을 통제하고 관리하고 가르치려고 하는 사람이 자주 눈에 띈다.

반면 일본 사람은 마음속 이야기를 잘 하지 않는다. 한국과 다른 나라 사람들이 보기에도 일본 사람은 자기 이야기를 잘 하지 않는다고 한다. 오죽하면 일본인은 혼네(本音)와 다테마에(建前)가 있다는 말이 있을 정도다. 혼네는 진짜 속마음이고 다테마에는 밖으로 보여주는 겉마음이다. 일본 사람은 무언가 의견을 말하면 겉마음으로는 "그렇네요"라고 맞장구치고는 속마음으로는 다른 생각을 하는 문화적인 차이가 분명히 있다.

그렇다면 대상성 자기가 많은 일본이 어떻게 제2차 세계 대전을 일으켰을까 궁금할 수도 있다. 굉장히 본질적인 주제면서도 학술적 가치가 있는 질문이다. 대상성 자기는 남들의 영향력을 받아들이는 쪽에 있는데 일본 사람들은 왜 다른 사람에게 나쁜 영향을 미치는 전쟁을 일으킬 수 있었을까? 이는 문화심리학자들에게도 큰 과제다. 우선 국가 단위의 행동은 개인 수준의 행동과는 다르게 이해할 필요가 있다. 그리고 제국주의 시기에 대상성 자기는 무조건 다른 사람들의 영향력을 받아들이는 것이 아니라 기존에 정해진 기준을 넘지 않는다는 측면이 있다. 선을 넘지 않는다는 것을 다른 말로 하면 자신들이 설정해 놓은 선대로 행동한다는 것이다. 그런데 제2차 세계 대전 당시 일본은 제국주의 국가로서 자기들은 다른 나라를 점령하고 지배할 수 있다는 기준을 가지고 있었기 때문에 침략이 가능했다고 짐작한다. 놀랍게도 그 기준은 외부적으로도 적용되어서 "저들에게는 이렇게 해도 돼. 저 사람들은 식민지 백성이고 우리가 함부로 해도 되는 사람들이야"라며 마음대로 행동할 수 있는 핑계가 되었다. 일본인이 가진 특유의 대상성 자기는 이런 식으로 판단할 수 있다.

  이런 문화적 자기관이 한국 사람들의 생각과 행동, 행위 등으로 이어지며 지금의 부자 열풍, 또는 부자가 되기 위한 노력, 부자가 되지 못했을 때의 행동에 영향을 미친다. 나 자신을 높이 평가하고 다른 사람에게 영향력을 미치고 싶어 하는 주체성 자기가 우세한 한국인들은 자신이 부자가 될 수 있다고 생각해 부자가 되려고 노력한다. 설령 부자가 되지 못한다고 하더라도 타인에게 영향력을 미치고 싶은 동기는 여전히 있기 때문에 겉으로 보이는 학벌, 연봉, 명품 등에 열중하고 그 기준을 소유해 타인보다 우월해지려고 행동할 가능성이 높다.

또한 한국인이 타인과 비교를 많이 하고 상대적 박탈감을 경험하는 이유 역시 주체성 자기와 높은 자기평가와 관련이 있다. 자신이 우월하다는 것을 확인하기 위해서 타인과 비교를 하게 되고 기대만큼 우월하지 못한 경우에 상대적 박탈감을 느끼는 것이다.

삼정의 문란

조선 후기에 부정부패로 말미암아 전정, 군정, 환정 등 세 가지 수취 체계가 변질된 현상으로 전정은 토지에 부과하는 세금이고, 군정은 병사로 일하는 대신 내는 세금이고, 환정은 흉년이나 춘궁기에 나라에서 곡식을 빌려주는 제도다. 이로 인해 백성들의 삶이 더욱 어려워졌으면 농민 봉기의 원인이 되기도 했다.

새마을 운동

1970년부터 시작된 정부 주도 지역사회 개발 운동으로 근면, 자조, 협동을 기본 정신으로 농촌을 개발하고 추후 도시 지역까지 개발하도록 했다. 지붕을 슬레이트나 함석으로 바꾸고 담장을 바로 세우고 마을 안길을 정비하는 등 농촌 지역을 변화시켰으며 도시 녹화 사업, 생활 오물 분리수거, 빈곤 지역 개발 등 도시 지역을 정리했다.

IMF 외환 위기

1997년 대한민국 경제가 파산 위기에 이르며 외환 보유액이 부족해지고 수

많은 기업과 금융 기관이 문을 닫고 부도가 빗발치고 실업자가 증가했다. 이로 인해 대한민국은 국제통화기금(IMF, International Monetary Fund)의 도움을 받게 되었다. 4년 정도 IMF의 관리를 받으며 경제를 되살리고 2001년 IMF에서 빌린 돈을 모두 갚고 외환 위기에서 벗어날 수 있었다.

카드 대란

IMF 외환 위기로 위축된 경기를 활성화하기 위해 1999년 신용카드 현금서비스 한도를 폐지하고 신용카드 사용을 장려했다. 일시적으로 내수시장이 활성화되었으나 무차별적인 카드 발급으로 인해 카드값을 상환하지 못하는 사람들이 늘어나면서 신용불량자가 급증했다. 이때 1위 카드사였던 LG카드가 부실채권으로 인해 신한금융지주에 매각되는 등 한국 경제에도 타격이 컸다.

자영업

회사에 소속되지 않고 자신이 일해서 자신이 번 돈이 자신의 소득이 되는 업종이다. 2022년 OECD에서 조사한 나라별 자영업 비율에 따르면 대한민국은 23.5퍼센트로 35개국 중 여덟 번째였다. 미국은 6.6퍼센트, 일본은 9.6퍼센트로 대한민국은 자영업 비율이 높은 편이다.

부동산

움직여서 옮길 수 없는 재산을 뜻하며 토지나 건물, 수목 등이 포함된다. 땅이 좁고 인구가 많은 우리나라에서는 가지기 힘들지만 누구나 가지고 싶은 재산이라 그로 인해 사기 사건이나 투기 사건이 빈번하게 일어나기도 한다.

비현실적 낙관성

노력도 없이 막연하게 미래에 대한 기대와 희망을 품는 것을 뜻하며 현실을 정확하게 파악하지 못하기 때문에 빚을 내서 코인이나 주식에 투자하거나 감당할 수 없는 대출을 받아 집값이 오르기를 기대하면서 집을 사거나 한다. 한국인들은 비현실적 낙관성이 높은 경향이 있다.

OECD(경제협력개발기구)

전 세계의 정부가 모여 경제 발전과 복지 증진을 도모하는 협력기구로 대한민국은 1996년에 가입했으며 유럽, 북미, 남미, 오세아니아, 아시아 등에서 38개국이 가입되어 있다. 환경지표, 출산율, 임금, 삶의 질 지수 등 다양한 통계 조사를 실시해 OECD 국가의 상황을 비교해 볼 수 있다.

PART 2

이대로 계속될 수는 없다

부자 열풍의
한계

최근 '상대적 박탈감'이 한국인의 심리에서 굉장히 중요한 특성이 되었다. 이는 전 세계적으로도 화두가 되는 심리적 특성이기도 하다. 인스타그램으로 대표되는 소셜미디어를 보면 소위 우쭐거리는 게시물이 하루에도 수없이 등장한다. 구하기 힘든 명품을 사서 사진을 찍는다든지 예약하기 힘든 오마카세나 파인다이닝을 즐기는 사진을 찍는다든지 자신의 부를 과시하는 사진을 자랑스럽게 게시한다. 나는 이런 비싼 물건을 살 수 있고, 비싼 곳을 갈 수 있다를 과시하기 위한 목적이 없다고는 할 수 없다.

자기 가치감이 높은 한국인의
심리적 특징

한국인들의 행동 양식이 된 '우쭐' ————————

한국인의 욕망과 중요한 심리적 특성으로 자기 가치감
(self-worth)이 있다. 한국 사람들은 주체성 자기가 우세
하고 또 자신을 높이 평가하는데, 이런 성향에서 자기 가
치감이 강하다는 점이 드러난다. 자기 가치감은 자존감
의 요소다. '나는 저 사람보다는 괜찮지.' '나는 평가받은
것보다는 더 괜찮은 사람인데.' '나는 객관적으로 상위에

있지.' 은연중에 이런 생각을 하면서 자신을 다른 사람보다 괜찮은 사람이라고 평가하는 것으로, 놀랍게도 한국 사람들은 자기 가치감이 강한 것을 넘어 심지어 과장되어 있는 편이다.

미국 컬럼비아대학교 교수이자 사회심리학자 토리 히긴스(Tori Higgins)의 자기 불일치 이론(Self-Discrepancy Theory)에 따르면, 사람에게는 이상적 자기(ideal self)와 현실적 자기(actual self), 의무적 자기(ought self)라는 게 있다. 이상적 자기는 스스로를 이상적으로 보는 부분이며, 현실적 자기는 객관적 지표에 따라 '나는 객관적으로 이 정도의 사람'이라고 자신을 파악하는 것이다. 의무적 자기는 자신이 수행해야 하는 역할에 따라 '나는 이런 일을 하는 사람이다' 또는 '이런 일을 해야 하는 사람이다'라고 판단하는 것이다.

이상적 자기와 현실적 자기의 시선으로 자기 가치감의 독특성을 보면, 한국인은 이상적 자기가 현실적 자기보다 많이 과장되어 있다. 심지어 '나는 이런 사람이야'라고 판단하는 현실적 자기조차 객관적이지 않고 이상적 자기 쪽에 가깝다는 것이다. 물론 이상적 자기도 나 자신이고 현실적 자기도 나 자신이다. 하지만 자신에 대한 객관화는 어느 정도 필요하다. 이상적 자기가 나 자신이라고 생각하는 것은 내가 가진 잠재력이나 가치, 앞으로의 가능성까지도 지금의 자신이라고 생각하는 것이다. 지금 현실의 나보다 스스로를 더 잘난 사람, 더 훌륭한 사람, 더 멋진 사람이라고 생각하는데, 이를 시쳇말로 '근자감'이라고 한다. 바로 '근거가 없는 자신감'이다. 자신감이 있는 건 좋지만 근거도 없으면서, 노력도 하지 않으면서 막연하게 자신이 잘났다고 생각한다면 문제가 있다.

하지만 근자감에도 이점이 있다. 수학계의 노벨상으로 알려진 필즈상을 수상한 미국 프린스턴대학교 수학과 허준이 교수는 한 강연에서 근거 없는 자신감이 자신의 원동력이었다고 밝히며 "근거 없는 자신감을 굉장히 추천한다"라고 말했다. 근거에서만 자존감이 나오면 그 근거는 언제든 무너질 수 있고, 그 근거가 파괴됐을 때 사람은 견딜 수가 없다. 그런데 막연하게 '나는 잘될 거야', '나는 대단해'라고 생각하면 어떤 실패나 좌절을 겪더라도 다시 막연하게 '나는 잘할 수 있어' 하면서 회복할 가능성도 커진다는 것이다. 다시 말해, 이상적 자기에 치우친 근거 없는 자신감은 회복탄력성의 원천이 되기도 한다.

문화심리학에서 연구해 온 한국인의 행위 양식 중에 '우쭐'이라는 게 있다. '우쭐거린다'라는 단어는 어깨의 움직임에서 나온 말이다. 어깨를 우쭐거린다, 즉 잘난 척할 때 나오는 행동이다. 우쭐은 내가 남보다 우월하다는 것을 확인하려는 욕구에서 나오는 행동이고, 그 우월성을 남에게 인정받으려는 욕구도 개입되어 있다. 또 내가 실제로는 잘나지 못해서 우쭐거릴 게 없는데도 남들에게 그 사실을 숨기기 위해서 더 우쭐거리고 더 잘난 척하는 경우가 있다.

우쭐에는 여러 가지 문화적 동기가 개입되어 있다. 알 수 없는 직함이 적힌 명함을 뿌리면서 "내가 누군지 알아?"라는 것도 굉장히 우쭐거리는 행동으로, 말 그대로 내가 어떤 사람이라는 걸 보여주는 역할을 한다.

나의 사회적 지위를 드러내는 것이다. 그 행동을 본 사람들은 '이 사람은 이렇게 대단한 사람이니까 잘 맞춰서 상대해야겠다'라면서 서로에게 어떻게 행동해야 할지를 전달해 주는 역할을 한다. 물론 심리적으로는 나의 가치를 과시하는 측면이 있다. 현실적 자기가 아닌 이상적 자기를 상대방에게 드러내기 때문이다. 막연한 근자감을 가지고 나의 영향력을 보여야 하는 사람들이 은근슬쩍 나의 영향력이나 가치를 드러내는 행위 양식이 우쭐이다.

한국 사람들의 우쭐이 가장 크게 드러나는 부분이 명품 소비다. 2023년 발표된 모건스탠리의 보고서에 따르면, 2022년 기준 한국의 명품 소비는 전년보다 24퍼센트 증가한 168억 달러, 한화로 20조 6300억 원 정도였다. 1인당 명품 소비 금액은 미국보다 우리나라가 더 많고 중국보다는 거의 여섯 배가 많다. 중국은 55달러, 미국은 280달러, 한국은 325달러로 한화로 40만 원 정도다. 최근 중국이 명품 시장의 큰손으로 부상했지만 아직 우리나라와는 차이가 크다. 특히 코로나 시기를 지나면서 우리나라에서 명품 시장이 엄청나게 성장했다.

물론 돈이 넉넉해서 명품을 사면 무슨 문제가 있겠는가. 문제는 돈이 없는 사람도 빚을 내서 명품을 산다는 것이다. 돈도 없으면서 왜 명품을 사는 걸까? '나는 명품을 들고 다닐 수 있는 사람이다', '나는 명품을 살 수 있는 사람이다', '나는 명품처럼 가치가 있어'라는 걸 드러내기 위해서, 즉 과시하기 위해서 명품을 사는 것이다.

그렇기에 명품을 사면 조용히 들고 다닐 수가 없다. 브랜드 로고가 잘 보이는 쪽으로 맨다든가, 로고가 잘 보이도록 사진을 찍고 소셜미디어에 올린다든가 하는 우쭐 행동이 뒤따른다. 이것을 현시 욕구라 한다. 주체성 자기와 자기 가치감이 높은 한국인의 특성이 합쳐진 현시 욕구의 반영이라고 볼 수 있다.

속담에서 드러나는 '우쭐'

물론 이런 행동이 한국인에게만 나타나는 것은 아니다. 어떤 사람들은 한국이 경제적으로 부유해지고 개인주의적인 문화 가치관이 도입되면서 명품 소비가 시작되었고 현대 한국인의 특징이 만들어졌다고 하는데, 예로부터 전해 내려오는 속담을 찾아보면 우쭐의 유래는 꽤 오래된 듯하다. 속담은 누가, 언제, 어떻게 만들었는지 모를 만큼 오래전부터 입에서 입으로 전해져 내려오는 사람들의 어떤 개념이다. 그렇기에 오랫동안 한 민족에게 쌓여온 개념과 관념이 녹아 있다.

〈전래의 속담에 나타난 과거 한국인의 자아 방어 기제〉라는 연구에서 저자들은 우리나라의 8천 개 정도 속담 중 심리학적 방어 기제와 관련된 속담 587개를 분석해 531개로 정리했다. 연구에 따르면 우리나라 속담에는 반

	심리학적 방어 기제와 관련된 속담의 종류와 빈도	
	방어 기제	빈도(%)
1	반동 형성	183(34.6)
2	동일시	67(12.6)
3	수동 공격	63(11.8)
4	투사	41(7.7)
5	전치	32(6.0)
	부정	32(6.0)

동 형성과 관련된 속담이 183개로 34.6퍼센트를 차지하고, 동일시가 67개로 12.6퍼센트, 수동 공격이 63개로 11.8퍼센트가 나왔고 그다음으로 투사, 전치, 부정이 나타났다고 한다.

반동 형성에 해당하는 속담은 이런 것이다. "빈 수레가 요란하다." "냉수 먹고 갈비 트림 한다." "가난할수록 기와집 짓는다." "서푼짜리 집에 천 냥짜리 문호." 반동 형성은 내 마음속에 있는 어떤 욕망이나 감정과 반대가 되는 행동을 드러내는 것을 말한다. 즉, 부자가 아닌 사람들이 내 상태와 욕구에 반대되는 행동을 하는 것이다. "미운 놈 떡 하나 더 준다"가 반동 형성의 간단한 예다. 내가 저 사람을 미워하는 걸 다른 사람이 알면 안 되니까 떡을 주면서 잘해주는 척하는 것이다.

그리고 이런 행동은 우쭐나 허세에도 연결된다. 허세는 잘난 척하는 자기 과시, 자기 현시적인 행동으로 열등감이나 상대적 박탈감을 메꾸기 위한 무의식적인 시도이기도 하다. 그리고 만족스럽지 못한 나 자신을 가리기 위한 반동 형성으로 해석하는데, 이런 측면은 동일시라는 방어 기제에서도 볼 수 있다.

내가 저 사람에게 어떤 공포를 느끼거나 내가 저 사람처럼 되고 싶다는 심리가 동일시인데, 나는 냉수밖에 못 먹지만 갈비를 먹은 것처럼 트림을 하거나, 집은 가난하면서 기와집을 짓는다든가, 막상 들어가 보면 별거 없는데 문은 뻔쩍뻔쩍하게 해놓는다든가, 이런 행동이 부자처럼 보이고 싶은, 부자가 되고 싶은 마음의 동일시라고 볼 수 있다.

이 반동 형성까지 동일시로 해석하면 동일시로 볼 수 있는 속담이 굉장히 많아진다. 34.6퍼센트에서 12.6퍼센트를 더하니 거의 50퍼센트에 육박하는 한국 속담이 동일시, 즉 부자가 되고 싶다는 욕망과 연결되어 있다.

이 연구에서 선택한 동일시의 예는 동조에 가깝다. 동조는 남이 하니까 나도 따라 하는 식의 행동이다. "친구 따라 강남 간다." "남이 장 간다고 하니 거름 지고 나선다." "가재는 게 편." 동조는 대상에 대한 불안이나 우울을 방어하고, 대상에 대한 공격성을 줄여 집단을 유지하고, 마음의 갈등을 완화하기 위한 심리적 특성이다.

속담에서의 수동 공격은 풍자라고 생각하면 된다. 한국 문화는 풍자의 문화이기도 한데 나에게 위협이 되는 사람을 직접 공격할 수가 없는 상황이라 말로 공격을 한다든지 그 사람이 하려는 일을 제대로 해주지 않고 거꾸로 속이거나 골탕을 먹이는 행동이 수동 공격이다. "길로 가라니까 뫼로 간다." "먹기 싫은 밥에 재나 뿌리지." "자는 입에 콩가루 떨어 넣기." 공격적인 정서를 우회적으로 발산하는 속담들이다.

투사는 남 탓을 하거나 핑계를 대는 것으로 해석할 수 있다. "잘되면 제 탓, 못되면 조상 탓"처럼 내가 능력이 모자라서 안 됐을 수도 있으면서 '묏자리를 잘못 썼나?' 하면서 다른 이유를 찾는 게 투사다. 수동 공격이나 투사는 한국인의 행동을 보여주는 중요한 속담이다. 과거로부터 내려오는 속담이나 말을 살펴보면 한국인이 가진 전통적이며 심리적인 속성을 알 수 있다. 당연히 무조건 정답은 아닐 수도 있지만 무척 흥미로운 시점이 아닐까 싶다.

상대적 박탈감이
더욱 커지는 현대사회

비교하고 결핍을 느끼는 상대적 박탈감 ─────

최근 '상대적 박탈감'이 한국인의 심리에서 굉장히 중요한 특성이 되었다. 이는 전 세계적으로도 화두가 되는 심리적 특성이기도 하다. 인스타그램으로 대표되는 소셜미디어를 보면 소위 우쭐거리는 게시물이 하루에도 수없이 등장한다. 구하기 힘든 명품을 사서 사진을 찍는다든지 예약하기 힘든 오마카세나 파인다이닝을 즐기는 사진을 찍는다든지 자신의 부를 과시하는 사진을 자랑스럽게 게시한다. 나는 이런 비싼 물건을 살 수 있고, 비싼 곳을 갈 수 있다를 과시하기 위한 목적이 없다고는 할 수 없다. 주변 사람이 이런 사진을 올리면 누구나 부러운 마음이 든다. 부러운 마음에 더해 나는 저렇게 살지 못한다는 상대적 박탈감, 소위 "사촌이 땅을 사면 배가 아프다"라는 속담처럼 부정적인 감정이 드는데, 이렇듯 상대적 박탈감은 주로 비교를 통해 생기는 감정이다.

취업포털 사람인에 따르면, 성인 남녀 2,979명을 대상으로 설문조사를 실시한 결과 상대적 박탈감을 느끼게 하는 대상은 41.8퍼센트가 지인의 재력가 부모님이었고, 36.2퍼센트는 잘 알려진 재벌, 26.1퍼센트는 고소득 연예인, 23.6퍼센트는 고액연봉자인 지인이었다. 또한 부자를 보고 상대적 박탈감을 느낀 경험을 질문했을 때 68.5퍼센트가 느껴본 적 있다고 답했고, 31.5퍼센트는 느껴본 적이 없다고 답했다. 마지막으로 상대적 박탈감이 어떤 영향을 미쳤냐고 질문했을 때 39.1퍼센트가 돈에 대한 마음을 비우게 되었고, 31퍼센트가 자신감이 떨어졌다고 대답했다. 연봉을 높이기 위해 이직을 고려했다거나 성공을 위한 원동력이 되었다거나 저축·재테크를 강화했다는 대답도 있었지만 취업이나 학업에 대한 흥미가 떨어졌다거나 상대적 박탈감을 느끼게 하는 사람들을 미워하게 되었다는 답도 있었다.

비교에는 두 가지 방향이 있다. 나보다 더 가진 사람하고 비교하는 것을 상향 비교라고 하고, 나보다 덜 가진 사람하고 비교하는 것을 하향 비교라고 한다. 상대적 박탈감은 보통 상향 비교를 했을 때 드는 부정적인 감정이다. 타인 또는 타 집단과의 비교를 통해 느끼는 결핍감이라고 정의한다. 상대적 박탈감의 중요한 특징은 절대적 기준이 있는 게 아니라 비교를 통해서 상대적으로 경험하는 감정이라는 것이다.

상대적 박탈감의 종류는 몇 가지가 있는데 객관적 박탈은 의식주 같은 객관적인 조건이나 실질적인 조건에서 내가 가지지 못한 결핍이다. 집이 없으면 집이 있는 사람들을 보며 박탈감을 느끼는 것이다. 관습적 박탈은 사회적으로 어떤 기준을 형성해 놓고 이 기준에 미치지 못하면 부족하다고 느끼는 박탈감이다. 최저 생계비나 최저 기준이 있는데, 그 기준에 미치지 못하면 박탈감을 느낀다.

상대적 박탈감은 주관적 박탈이라는 부분이 큰데, 주관적 박탈은 특정 개인이나 집단과 비교할 때 느끼는 결핍감이다. 누구와 비교하느냐에 따라 상대적 박탈감을 느낄 수 있는데, 대개 상대적 박탈감을 느끼게 하는 대상은 지인이나 친구 등 쉽게 비교할 수 있는 사람들이다. 소셜미디어나 방송에 나오는 사람들을 보고도 상대적 박탈감을 느낄 수 있다.

나보다 돈이 많은 사람에게 느끼는 상대적 박탈감은 당연히 좋지 않은 영향을 미친다. 상향 비교는 주로 부정적인 정서로 경험되기 때문이다. 상대적 박탈감의 심리적 프로세스는 이런 식이다.

내가 원하는 게 있다 ⇨ 나에게는 없는데 주변의 누군가는 그것을 가지고 있다 ⇨ 그러니까 나도 그것을 가질 수 있다고 생각한다 ⇨ '쟤도 있는데 내가 못 가질 게 뭐야? 나도 가질 수 있지.' '쟤가 운이 좋아서 그 시점에 코인을 사서 지금 부자가 된 거지 나도 그때 샀으면 나도 부자야'라고 생각한다 ⇨ 그러니 그것을 내가 갖지 못한 데 내 잘못은 없다. 내가 코인으로 부자가 되지 못한 것은 나라에서 규제했기 때문이고 내가 부동산으로 부자가 되지 못한 것 또한 나라에서 규제했기 때문이다.

이런 과정을 거쳐 내 잘못이 아니라는 핑계가 생기게 되면 개인적 책임감을 가지지 못하고 상대적 박탈감은 더욱 커진다. 이런 사례가 부동산, 주식, 코인 등에 대한 상대적 박탈감이다.

주변에서도 이런 이야기가 종종 들린다. 집값이 천정부지로 치솟는 상황에서 "나도 내 집에서 살고 싶은데, 나도 집 사고 싶은데, 나는 못 샀는데 누구는 샀어, 나도 살 자격이 있었고, 나도 그때 들어갔으면 샀을 텐데, 왜 나라에서는 규제를 해서" 이런 식으로 생각이 진행되면 굉장히 배가 아프고 억울하다. 특히 코로나 시국을 거치면서 많은 사람이 상대적 박탈감을 경험하고 있다.

한의 원인이 되는 상대적 박탈감 ──────

상대적 박탈감은 한(恨)의 주요 원인으로 꼽힌다. 한은 한국 문화에서 표상된 부정적 정서의 대표 격이다. 한이 라고 하면 옛날이야기라고 생각하기 쉬운데, 우리 할아 버지나 할머니는 "아이고, 한스럽다"라는 말을 종종 했 지만 현대에는 이런 표현을 잘 사용하지 않기 때문이다. 하지만 한의 정서는 어떤 차원에서의 경험이냐에 따라 지금 우리도 충분히 경험하고 있고 현존하는 정서다.

한의 차원에는 감정 수준(emotion), 정조(senti-ment), 성격(trait) 세 가지가 있는데, 우리는 문학 작품이 나 예술 작품에서 드러나는 하나의 정서인 한만을 생각 하는 경향이 있다. 방송에 나와 노래를 애절하게 잘 부 르면 한스럽게 노래를 잘한다고 하는데 이때의 한이 정 조로서의 한이다. 하지만 나는 그런 감정을 가져본 적이 없으니 나와는 상관없는 감정이라고 생각하기 쉽다.

그렇지만 감정 수준의 한은 우리도 충분히 경험 하고 있다. 바로 억울함이다. 억울함은 부당한 차별에서 오는 마음으로, 뭔가 부당한 일을 겪게 되면 억울하다는 생각이 든다. 한국 사람에게는 억울한 마음도 한의 원인 중 하나다. 상대적 박탈감도 억울함의 일종이다. 누군가와 나를 비교했을 때 저 사람은 저걸 가지고 있는데 나는 못 가진다, 그런데 나도 저걸 가질 수 있었고 내가 저걸 못 가진 것에 내 책임은 없다, 이렇게 생각하면 굉장히 억울하고 부당하고 한스럽다. 결국 한을 불러일으키는 중요한 원인 중에 남과 비교하면서 생기는 상대적 박탈감이 있는 것이다.

그렇다면 막상 부자가 된다면 상대적 박탈감이 사라질까? 억울한 마음과 감정 수준의 한이 해소될까? 아니면 더 큰 욕망을 꿈꾸게 될까? 모든 한국인이 부자가 될 수는 없기에 아마 계속해서 더 큰 부자가 되는 욕망을 가질 소지가 크다.

미국의 증권사 찰스 슈왑에서 미국인들에게 "돈이 어느 정도 있어야 부자인 것 같은가?"라는 질문을 했을 때 미국인들은 "28억 원 정도 있으면 부자다"라고 대답했다고 한다. 반면 한국인들은 "43억 원은 있어야 부자다"라고 대답했다. 부라는 건 그만큼 상대적이다.

자산이 5억이 안 되는 사람에게 10억이 생긴다면 부자가 되는 것이다. 막상 10억이 생기면 눈이 어디로 갈까? 20억, 30억, 40억, 50억을 가진 사람에게 눈이 가면서 자신은 부자가 아니라고 생각한다. 그렇기에 일반적으로 한국 사람들은 부자가 돼도 다른 욕망이나 다른 목표를 잡기보다는 더 부자가 되기를 원할 가능성이 크다.

상대적 박탈감에서
한(恨)으로

현대사회 한국인이 경험하는 감정 수준의 한 ————

보통 한의 경험 과정은 3단계가 있다고 한다. 1단계는 내가 뭔가 부당한 일을 겪었다는 생각이 들고 억울한 기분이 드는 감정 수준의 한이다. 원(怨)이라고도 하는데, 보통 우리가 흔히 하는 표현으로 '억울함'이라고 생각하면 된다. 부당한 일을 당하거나 내 상황이 부당하다고 느낄 때는 분노와 함께 나오는 반대 입장에 있는 사람에게 적개심이 생긴다.

1단계는 보통 한이라고 하지 않는다. 억울함과 분노, 적개심을 느끼면 그 감정을 가라앉히는 2단계를 지나야 한으로 발전한다. 옛날을 생각해 보면 뭔가 부당한 일이 있고 상대적 박탈감이 있어도 해결하기가 쉽지 않았다. 양반과 비교해서 내가 천하고 가난한 건 어쩔 수 없는 일이었다. 신분제가 있는 사회, 반상이 있는 시대에 부당한 마음과 억울한 감정을 오래 가져가면 스스로가 견디기가 힘들었다. 그렇기 때문에 억지로라도 억울함과 분노와 적개심을 가라앉히는 과정이 필요했다.

이때 가장 중요한 것이 내부 귀인이라는 과정이다. 내부 귀인은 내가 경험한 부당함과 억울함의 원인을 나 자신으로 돌리는 것이다. 남 탓, 나라 탓, 양반님네 탓을 할 수도 있지만 그렇게 외부 요인을 탓하다 보면 스스로 견딜 수 없고 만약 그런 마음을 들키기라도 하면 어디 끌려가서 멍석말이를 당하든지 곤장을 맞을 테니까 "내가 이렇게 상놈으로 태어난 탓이지, 뭐" 하면서 내부 귀인 과정을 거칠 수밖에 없는 것이다.

오랜 시간이 지나면 "어쩔 수 없지. 사는 게 다 이렇지" 하며 제삼자적 관조가 나타난다. 내 일이지만 남 이야기하듯 보는 것이다. "나뿐만 아니라 세상 돌아가는 게 다 이러니 억울할 것도 없어. 사람들 다 이런 식으로 살아"라고 받아들이는 게 3단계다. 내가 당한 일은 굉장히 억울하고 불행하고 슬프지만 어쩔 수 없고, 또 그 시간을 나름대로 잘 견뎠고, 뭔가 좋은 일도 있었고, 그러면서 떠올렸을 때 마음이 처연하고 쓸쓸해지는 것, 그게 한이다.

그런데 현대 한국인이 3단계까지의 감정을 경험할 일은 잘 없다. 일단 양반, 상놈을 나누는 신분제가 사라졌고 사회도 옛날보다는 절차나 제도가 공정해졌다. 억울한 게 있으면 민원을 제기하고 소송을 걸면 어느 정도는 해결된다. 그래서 현대 한국인들은 분노, 적개심, 억울함만 강조되어 있는 상태로 한을 경험하고 있다고 보면 된다. 감정 수준의 한이다.

현대적 의미의 한은 삭이는 과정이 생략된 억울함 위주의 감정이다. 한국 사람들이 상대적 박탈감이라든지 차별, 공정에 민감한 것이 바로 이런 측면의 한을 많이 경험하고 있다는 사실을 드러내준다.

학술적으로 보았을 때, 한과 관련된 심리학적 기제는 통제감의 욕구라는 측면이 있고 또한 자기 가치감의 유지라는 측면이 있다. 통제감은 내가 주변에서 일어나고 있는 일을 어느 정도 이해하고 영향을 미칠 수 있다는 감정이다. 또 자존감을 유지하기 위해서라도 사람들은 자기 가치감을 높게 유지할 필요가 있다. 그런데 한을 경험하는 상황은 이 둘 다가 안 된다. 내가 대단하고 뭔가를 할 수 있는, 영향력을 미칠 수 있는 사람인 줄 알았는데 그게 안 되는 상황이다. 상대적 박탈감이든 부당함이든 내가 통제할 수 있는 일이 아니다. 따라서 내 가치에도 손상을 입는 상황이 현대인들이 가지는 학술적인 한의 의미가 되겠다.

주체성 자기가 우세하고, 자기 가치감이 높은 한국인의 문화적 자기관 또한 한을 어떻게 형상화하고 경험하느냐를 설명해 준다. 내가 다른 사람에게 영향력을 미쳐야 하고 또 나는 괜찮은 사람이고 잘난 사람이라는 생각을 가지고 있으면 그렇지 못한 상황, 즉 자신의 통제감이 제한되고 자기 가치감이 손상되는 상황에서 부당함과 억울함을 느끼기가 더 쉽다.

한은 문화적 경험 방식이다. 살다 보면 부당한 일을 경험하는데, 그런 부당한 일을 경험하는 방식을 한이라 볼 수 있다. 이때 주관적이면서 개인적인 해석이 강조되는데 한국인들의 심리 경험의 방식 또는 심리 경험의 질 자체가 상당히 주관적인 부분이 크다. 주관적이라는 것은 객관적인 것과는 반대로, 내가 그렇게 인식한다는 것이다. 나는 그렇게 느꼈다, 내가 볼 때는 그런 것 같다, 내가 생각하기에는 그렇다 등 자신이 인식하는 부분이 한국인의 마음의 질에 중요한 영향을 미친다. 한은 스스로의 가치를 주관적으로 지각하는 데서 시작한다. 이상적 자기는 굉장히 높은 위치에 있는데, 주관적으로 지각하는 자기 가치에 손상을 느끼면 '나는 정말 억울해'라며 한의 정서가 만들어지는 것이다.

부자가 되는 것, 곧 한을 푸는 일

한국의 부자 열풍을 문화심리학적으로 요약해 본다면, 한국인에게 부자가 된다는 것은 한을 푸는 일이다. 시대의 한, 역사의 한, 식민지의 한, 할아버지의 할아버지 시절부터 착취당하고 굶고 가난하게 살면서 가족이 흩어지고 나라를 빼앗긴 한을 푸는 것이다. 부자라는 꿈을 실현시키면 누구에게나 영향력을 미칠 수 있고 나라는 존재 가치를 그만큼 내세울 수 있기 때문이다. 부자는 영향력이 크니까, 내가 가진 돈만큼은 영향력이 될 수 있으니까, 나의 가치가 실현되는 자기실현의 한 방법일 수 있는 것이다.

또 부자가 된다는 것은 남보다 내가 더 우월하다는 걸 드러내고 남에게 우쭐거릴 수 있다는 말이다. 돈이 많고 명품이 있고 좋은 차가 있는 것만으로도 우쭐해진다. 다른 사람들이 나를 대단한 사람으로 봐주고 또 이것을 드러내는 것이 즐겁다. 사람들은 소셜미디어에 그런 것을 드러내면서 삶의 즐거움을 느낀다. 결론적으로 부가 삶의 목표가 되고, 얼마만큼의 재산을 가져야 한다는 생각으로 꾸준히 노력하지만, 그에 미치지 못하면 또 가슴 아파하고 억울해하는 것이 현대사회를 살아가는 한국인이 아닌가 싶다.

한국인에게 부자가 되지 못한다는 것은 굉장히 한스러운 일이다. 왜냐하면 내 가치가 손상되고 내 가치를 드러낼 수 없는 상태이기 때문이다. 내가 부자가 아니라는 것은 남부끄럽고, 남들과 비교했을 때 초라해지는 일이다. 역사적으로, 현실적으로 돈이 없어서 가족을 지키지 못했던 상황들이 있었기 때문에 돈이 없다는 건 삶을 제대로 꾸릴 수 없을뿐더러, 내가 가진 삶의 목표를 이루지 못하는 상태까지 연결이 되는 것이다.

부자가 되지 못한 한국인들은 문화적으로 특정한 행동을 보인다. 돈이 없어도 무리하게 명품 소비를 한다든가 하는 허세나 우쭐을 보이거나 부자에게 자신을 동일시하는 행동을 한다거나 또는 우울, 절망에 빠지는 사람도 있다. 허세로 드러낼 수 있는 사람들은 어느 정도는 돈이 있어서 가능하겠지만 외적인 에너지가 고갈된 사람들은 불안과 우울, 절망에 빠져서 정신적인 문제로 이어지는 경우도 상당히 있다.

　　이런 심리가 더 심각해지면 사회적으로 분노를 드러내거나 자신에게 상대적 박탈감을 느끼게 만든 대상에게 공격성과 적개심을 보인다. 내가 부자가 되지 못하게 만든 어떤 대상 또는 부자가 된 사람에 대한 분노와 공격, 혐오가 나타날 수 있다. 현대사회에서 증가하고 있는 불안, 우울 같은 정신적인 문제와 언제부터인가 심각한 사회 문제가 된 혐오, 갈등의 문제는 우리가 부자가 되지 못했기 때문에 경험하고 있는 현상이자 물밑에서 드러나고 있는 사회적인 현상이 아닐까.

부자 열풍의 한계를 드러내는
한국 사회

경쟁 사회, 양극화 사회, 학력 중심 사회 ──────

부에 대한 욕망이 언제까지나 이어질 수는 없다. 한국 사람들은 1950년대 전쟁이 끝난 이후부터 부자가 되기 위해 끊임없이 노력해 왔다. 실제로 부자가 된 사람도 있고 구멍가게에서 중소기업, 대기업을 이루어낸 사람도 있다. 하지만 전 세계적으로도 경제 침체가 지속되다 보니 산업과 사회 구조가 고착화되는 측면이 있다. 어쨌든 지금은 누구나 부자가 되기는 어려운 시대임에는 틀림없다.

한 설문조사에 따르면, 한국 사회는 어떤 사회라고 생각하냐고 질문했을 때 34.8퍼센트가 경쟁 사회, 18.4퍼센트가 양극화 사회, 15.5퍼센트가 학력 중심 사회, 10.1퍼센트가 부패 사회라고 답했다. 모두 부정적인 대답으로 보이지만, 지금의 한국 사회를 한 단어로 요약해도 경쟁 사회라고 말할 수밖에 없다. 인구는 많고 능력은 상향화되었고 땅은 좁고 경쟁은 치열하다 못해 거의 무한 경쟁에 들어섰다. 심지어 경제적 능력이 없는 노인들이 적은 돈이나마 벌고자 폐지를 줍는 것까지 경쟁해야 하는 시대다. OECD 국가 중 노인 빈곤율이 1위에 가까운 나라다 보니 다른 나라에서는 연금을 받으며 편안한 노후를 보내고 있을 나이에도 없는 일자리라도 찾아야 하고 폐지라도 주워서 먹고살기 위해 경쟁해야 하는 것이다. 태어나서 죽을 때까지 경쟁에서 벗어나지 못하는 게 한국인의 삶이다.

그러다 보니 다른 사람들을 믿지 못하는 대인 신뢰도 하락이라는 부작용이 나타난다. 이 통계는 굉장히 마음 아프고 불행한 통계다. 2018년 연합뉴스의 기사에 따르면, 중국, 스웨덴, 독일, 일본, 미국, 한국을 대상으로 한 조사에서 '대부분의 다른 사람을 믿을 수 있다'라는 문항에 동의한 비율을 보면 한국이 제일 낮다. 제일 높은 중국은 1981년에서 1984년까지는 57퍼센트였고, 2010년에서 2014년까지는 살짝 오른 63퍼센트였다. 낮은 편에 속하는 미국은 1981년에서 1984년까지는 43퍼센트였으며, 2010년에서 2014년까지는 35퍼센트였다. 하지만 한국은 미국보다도 낮은, 가장 낮은 수치를 보여준다. 1981년에서 1984년까지는 38퍼센트였고 이후 계속 낮아지며 2010년에서 2014년까지는 27퍼센트를 보인다.

경쟁 사회에서 살아가는 우리는 주변의 모든 사람을 잠재적인 경쟁자로 보게 된다. 학창 시절에는 성적이나 키로 줄을 세우고, 성적 순서로 대학에 입학하고, 대학을 졸업하면 스펙에 따라 누구는 대기업에 가고 누구는 고시에 합격했다면서 길이 나눠지고, 직장에 들어가서도 승진과 연봉으로 경쟁한다. 이런 경쟁 사회의 특징이 대인 신뢰도에도 영향을 미치는 것이다.

사회적으로 만연한 경쟁 때문인지 한국은 OECD 국가 중 자살률 1위를 몇 년째 지키고 있다. 2022년 조사에 따르면 10만 명당 자살자 수가 25.2명으로 OECD 평균인 10.7명의 두 배 이상이다. 특히 75~84세의 자살률은 10만 명당 69.9명으로 더욱 심각하다. 2018년 OECD 국가 중 66세 이상 인구의 상대적 빈곤위험도를 조사했을 때, 네덜란드가 32.5퍼센트, 미국이 150퍼센트, 일본이 153.8퍼센트였고, 한국은 무려 367.8퍼센트에 달했다. 이 빈곤위험도가 노년 세대의 자살률에 영향을 미친다고 짐작할 수 있겠다.

한국의 자살률은 과거에 비하면 어느 정도 감소한 수치다. OECD 회원국 중 자살률 세계 1위는 변하지 않았지만 2013년에는 인구 10만 명당 자살자 수가 28.5명이었고 2022년까지 계속 감소 중이었지만 다시 증가하는 수치를 보여서 현대사회의 어려움을 그대로 드러내고 있다.

그렇다면 다른 수치는 어떠할까? 2021년 OECD

주요국 연간 노동 시간을 보면 OECD 평균은 1716시간, 한국은 1915시간으로 단연코 노동 시간이 높았다. 이런 통계를 보다 보면 한국 사람들의 자살률이 왜 높은 것인지 조금은 이해할 수 있지 않을까.

　한국인의 특성과 연결해 본다면, 한국 사람들은 근자감이 높은데도 불구하고 왜 자살률이 높을까? 일단 근자감이 높은 것은 자기 탄력성으로 이어질 수 있다. 어떤 좌절이나 실패를 경험해도 '잘될 거야'라는 심리로 이어질 수 있기 때문이다. 하지만 한국 사람들은 '잘난 내가 이 정도로 노력했는데도 안 된다면 뭔가 문제가 있는 거야'라면서 주변 환경에 더 실망하고 실패와 좌절을 더 강하게 지각할 수 있다. 평소 근자감이 높고 기준이 높기 때문에 원하는 기준에 도달할 수 없을 때 절망이 더 커지는 것이다. 그런 과정에서 한의 감정도 민감하게 경험하는 것이 아닐까 추측한다.

지방의 소멸과 출생율의 감소

부자 열풍의 한계를 가장 잘 보여주는 것이 수도권 집중과 지방 소멸이다. 가뜩이나 인구가 급격하게 감소하고 있는데 지방은 더욱더 빨리 감소해 소멸이라는 표현이 나올 정도다. 이미 20년 전부터 시골에는 노인밖에 없다는 말이 나왔다. 지금 이 문제는 더 심화되고 있다.

반면 수도권은 점점 더 커지고 있다. 2021년 통계청의 국내인구이동통계 보도자료에 따르면, 권역별 20~29세 인구 순이동자 수가 영남권은 42,000명이 줄었고, 호남권은 19,000명이 줄었고, 수도권은 70,000명이 증가했다. 통계청의 지방소멸위험지수에 따르면, 수도권과 광역시, 충청권 몇 도시만 빼면 전국이 소멸 위험에 처해 있다.

김포가 서울에 포함이 될 것인가, 포함되지 않을 것인가 같은 말이 나올 정도다. 과연 전 국토가 서울이 되면 문제가 해결될까? 이런 현실은 미래를 더 불안하게 만들 수밖에 없다. 지방에 살고 있는 사람은 빨리 지방을 떠나서 인프라가 많은 서울로 가야 하는 거 아닌가

싫고 서울은 점점 더 복잡해지니 경쟁은 더욱 심해진다.

이런 한국 사회의 문제가 직접적으로 드러나는 것이 혼인율과 출생률이다. 혼인율은 2023년 19만 4천 건으로 2013년에 32만 3천 건이었던 것과 비교하면 39.9퍼센트나 줄었다. 출생률은 2023년 0.72명으로 OECD 국가 중 가장 낮았다. 2017년 미시간대학교 올리버 승(Oliver Sng) 박사는 인구 밀도가 높을수록 미래지향적인 성향이 짙어지며, 그럴수록 출산을 하지 않으려는 경향이 강해진다는 연구를 발표했다. 이는 사람만이 아니라 다른 동물도 마찬가지다. 각자의 개체가 살기 급급해지면 미래를 설계할 장기적인 계획을 세우기가 어렵다.

우리나라는 인구 천만 명 이상인 나라 중에 인구 밀도가 4위다. 문제는 이 조사가 지방을 모두 포함한 통계라는 것이다. 수도권만 따로 집계한다면 인구 밀도는 더 엄청난 수준이다. 그렇기에 경쟁이 심해질 수밖에 없고 결혼이고 출산이고 할 생각이 들지 않는 것이 당연한 일이다.

또 많은 사람이 체감하고 있는 고용 불안의 문제

도 있다. 내가 돈을 버는 방법, 부자가 되는 방법을 고민할 수밖에 없는 측면이 고용 자체가 불안하기 때문이다. 취업도 안 되고, 취업을 해도 정규직이 되기 쉽지 않고, 정규직으로 취업한 사람조차도 언제까지 자리를 지킬 수 있을지 고용 불안을 느낀다.

취업포털 사이트 잡코리아에 따르면, 직장인 771명을 대상으로 한 설문조사에서 비정규직은 92.1퍼센트가 고용 불안을 느끼며 정규직도 82.3퍼센트나 고용 불안을 느낀다고 한다. 그렇다 보니 회사를 나와서 자영업에 도전하거나 사업을 시작할까 고민하게 된다. 하지만 자영업자 폐업률도 만만치 않다. 그러니 불안만 커지고 쉽게 뭔가에 도전하겠다는 생각은 하기가 어렵고 결국 나를 부자로 만들어줄 수 있을 것 같은 무언가, 누구 강의만 들으면 주식의 감이 온다더라. 코인으로 쉽게 돈을 벌 수 있다더라로 관심을 가지게 되는 것이다.

특히 코로나 시대를 거치면서 양극화가 더 심해졌다. 2021년 YTN와 박병석 국회의장 비서실의 의뢰로 리얼미터에서 성인 남녀 1,000명을 대상으로 설문조사를 실시한 결과, 코로나19 이후 29.9퍼센트가 어느 정도 양극화가 심해졌다고 응답했으며, 52.8퍼센트가 매우 심해졌다, 14.8퍼센트가 심해지지 않았다고 답했다. 열 명 중 여덟 명은 양극화가 심해졌다고 응답한 것이다. 우리나라는 IMF 금융 위기, 카드 대란, 2009년 세계 금융 위기, 코로나19 등 경제에서 큰 파도를 거치면서 고용이 계속 불안해지고 양극화가 심해졌다. 경제적으로 불안한 상황이니 돈 버는 쪽에 관심이 갈 수밖에 없다.

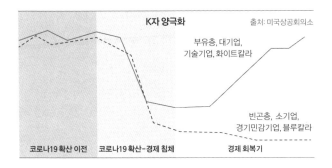

코로나 이후 양극화 그래프를 보면, K자 양극화라고 해서 부유층, 대기업, 화이트칼라 등 기반이 있는 사

람들은 엔데믹 이후에도 더 성장할 수 있는 계기를 얻지만 빈곤층, 소기업, 블루칼라 등 기반이 없는 사람들은 다시 올라오지 못하고 계속 내리막길로 떨어지는 모습을 보여준다.

미래로 향하고 있는 지금, 사람들의 불안을 가속화하는 요인 중 AI의 등장도 빼놓을 수 없다. AI가 등장하면서 사람들이 더 부자가 되고 더 행복해지는 것이 아니라 AI에 일자리를 빼앗기는 일이 발생하고 있기 때문이다. 마트나 음식점에서는 키오스크를 설치해 직원의 수를 줄이고, 지하철에는 자동운전을 도입해 기관사의 수까지 줄이고 있다. 그렇다면 그 자리에서 돈을 벌던 사람들은 모두 어디로 가게 될까? 현실적으로 눈앞에서 불안한 상황이 펼쳐지니 고용 불안은 더욱 가속화될 수밖에 없다.

기후 재앙이나 코로나 같은, 과거에는 흔하게 일어나지 않았던 재난도 계속 발생하고 있다. 이제는 기후 위기를 넘어 기후 재난의 시대에 들어왔기에 환경학자들은 우리가 예상하지 못한 지구를 만날 것이라 경고한다. 태풍, 홍수, 가뭄 등 매년 일어나는 기후 재난으로 경제 또한 요동치고 있다. 농사를 망치는 것은 그 시작일 뿐이며 유통의 불안으로 채소나 과일 가격이 하늘 높은 줄 모르고 치솟고, 물가의 상승으로 가계 경제 또한 불안해지며, 극단적으로는 생명까지 위협받고 있다.

국제 정세도 예전과는 다르다. 1990년대에서 2010년대까지는 유례를 찾기 힘들 정도로 전 세계가 평화로웠던 시기다. 그동안 경제적으로도, 문화적으로도 전 세계가 발전했지만 최근에는 국제적 흐름이 변하면서 곳곳에서 전쟁이 발발하고 미래에 대한 불확실성이 커지고 있다. 뉴스만 봐도 우크라이나와 팔레스타인의 불안한 상황이 국제 유가를 요동치게 하고, 러시아 가스관 문제로 유럽에서는 그 영향을 직접적으로 받고 있다. 그런 뉴스를 볼 때마다 대비는 해야 하지만 개인이 할 수 있는 건 없고 현실은 막막하고 미래는 걱정이니 여러 가지 돈 버는 방식에 집중할 수밖에 없지 않을까 싶다.

포기하고 혐오하는 젊은 세대들 ──────

하지만 부자가 되는 것만이 모든 문제의 해결책은 아니다. 부자가 되는 것 자체가 어려워졌기 때문이다. 2014년에서 2015년 사이에 흙수저, 은수저, 금수저라는 단어가 등장했고, 최근에는 N포 세대, 삼포 세대 등 결혼, 육아, 출산 등을 포기한다는 의미에서 N이 붙은 신조어가 등장했다.

취업포털 사람인에 따르면, 20~30대 성인 남녀 955명을 대상으로 한 설문조사에서 75.7퍼센트가 포기한 것이 있고, 24.3퍼센트만이 포기한 것이 없다고 답했다. 열 명 중 여덟 명이 N포 세대인 것이다. 57.7퍼센트는 취미 등 여가 활동을 포기했고, 46.7퍼센트는 결혼을, 46.5퍼센트는 연애를 포기했으며 43.2퍼센트는 꿈과 희망을 포기했다고 한다. 복수 선택이 가능한 조사였지만 많은 2030세대가 취미와 결혼, 연애뿐만 아니라 꿈과 희망까지 포기해 버렸다. 과거 사람들은 당연히 해왔던 일을 나는 포기해야 한다는 건 억울하고 부당한 일이다.

하지만 흙수저론의 본질은 그 이유를 스스로에게

서 찾기 시작했다는 점에서 의미가 있다. 수저론은 흙수저, 동수저, 은수저, 금수저 등 내가 어떤 집에서 태어났다는 말이다. 흔히 금수저는 자산 20억 원 이상인 집에서 태어나거나 가구 연 수입이 2억 원이 되는 집에서 태어난 걸 말하고, 흙수저는 자산 5천만 원 미만, 연 수입 2천만 원 미만의 집에서 태어난 걸 말한다고 한다. 내가 형편이 어려운 집에서 흙수저로 태어났기 때문에 결혼과 꿈, 희망 등 여러 가지를 포기하고 어렵게 살 수밖에 없다는 생각으로 기회에서의 부당함을 내부 귀인, 자기 탓을 하는 심리 과정으로 보이는데 이는 점차 늘어날 수밖에 없는 심리적 현상이다.

경제는 어려워지고 부자가 되기는 어려우니 또 하나의 심리적 적응 과정으로 보이는 현상이 나타났다. 코로나19 이후에 나타난 현상으로 '무지출 챌린지'다. '일주일 동안 돈 한 푼 쓰지 않기'라든가 '거지방'이라는 오픈채팅방을 만들어 누가 더 아껴 썼는가, 누가 더 짠돌이처럼 사느냐를 경쟁하며 짠테크를 시작한다. HR테크 기업 인크루트에 따르면, 성인 남녀 825명을 대상으로 한 설문조사에서 79.1퍼센트가 코로나 이후 짠테크를 실천하고 있다고 답했다. 가장 지출을 줄인 항목은 첫 번째가 24.3퍼센트인 외식비였고, 두 번째가 18.5퍼센트인 취미생활, 세 번째가 12.9퍼센트인 쇼핑이었다. 없는 살림에 지출을 줄이면서까지 어떻게 살아갈 것이냐를 경쟁하듯 고민하는 현상이 나타나고 있다. 어쩌면 현실에 적응하기 위한 간절한 노력일 수도 있겠다.

이런 힘든 상황 때문인지 혐오와 갈등이 점차 커지는 문제가 생기고 있다. 최근 10년 이래로 한국 사람들은 우리 사회에서 갈등이 굉장히 심각하다고 생각한다. 2021년 OECD 30개 회원국 갈등 지수를 조사했을 때, 1위가 멕시코, 2위가 이스라엘, 3위가 한국이었다. 일본은 5위, 미국은 6위였다. 이스라엘은 오래전부터 민족적 갈등이 컸던 나라고 멕시코는 마약 카르텔 때문에 치안과 갈등이 심각한 나라다. 그 두 나라 다음으로 한국이 갈등이 심하다고 자각하고 있으며, 한국 사람들은 상상할 수 있는 모든 대상에 갈등을 경험한다고 응답했다.

2021년 한국사회갈등해소센터에서 우리 사회 집

단 간 갈등의 심각성 인식을 조사한 결과, 진보 세력과 보수 세력의 갈등이 심각하다는 답이 83퍼센트, 못하는 사람과 잘하는 사람의 갈등이 심각하다는 답이 79퍼센트, 경영자와 노동자의 갈등이 심각하다는 답이 77퍼센트, 정규직 근로자와 비정규직 근로자의 갈등이 심각하다는 답이 76퍼센트였다. 이 외에도 젊은 사람과 나이든 사람의 갈등, 수도권과 지방의 갈등, 영남과 호남의 갈등, 남자와 여자의 갈등이 심각해지고 있다고 인식하고 있었다.

문제는 이런 혐오와 갈등이 범죄로까지 이어진다는 점이다. 2023년 여름, 신림역과 서현역에서 칼부림 사건이 있었다. 두 사건의 범인은 모두 20~30대 남성이었으며 경제적 좌절과 사회에 대한 불만으로 오랜 시간 고립돼 있었던 사람들이다. 물론 고립되고 좌절했다고 해서 모든 사람이 범죄로 분노와 혐오를 표출하는 건 아니다. 하지만 이런 식의 심리적 프로세스가 진행될 수 있다는 점은 무척 무섭고도 경각심이 필요한 일이다. '나는 살기 어렵고 힘든데 나 외의 사람들은 행복해 보이고 부자인 것 같아서 그 사람들이 밉다'라는 마음이 행복해 보이는 사람들을 해치고 싶다는 마음으로 연결된다. 그렇기에 주위에 만연한 혐오나 혐오 표현에 주의해야 할 필요가 있다. 그리고 이런 식으로 고립된 사람들을 눈여겨봐야 한다.

건강보험심사평가원의 자료에 따르면, 코로나 19 펜데믹을 지나면서 우울증과 불안장애 환자들이 늘어나고 있다고 한다. 2017년에는 우울증 환자가 68만 명 정도였고 불안장애 환자는 63만 명 정도였으나, 2021년에는 우울증 환자가 91만 명, 불안장애 환자는 81만 명 정도로 기록되고 있다.

1인 가구가 늘어나고 고령화가 진행되면서 고립된 사람들의 비율도 점점 늘어나고 있다. 보건복지부의 통계에 따르면, 고독사 발생이 2017년에는 2412명이었지만 2021년에는 3378명으로 늘었다고 한다. 50대와 60대, 특히 남성의 고독사 비율이 특히 높았다.

이런 사회의 흐름 가운데 종교별 성직자 수가 무척 흥미로운데, 특이하게도 무속인의 수가 급증하고 있다. 문화체육관광부에서 발행한 〈2018년 한국의 종교 현황〉에 따르면, 무속인은 400,000명에 달하며 목사는 98,305명, 승려는 36,877명, 가톨릭 사제는 5,360명이다. 무속인 40만 명이라는 수치가 의미하는 바는 불확실성의 증가다. 무속이라는 종교는 불안한 미래에 실질적인 처방을 준다. 정말 효과가 있는지 없는지를 떠나 "취업이 안 돼? 부적 써"라든지 "취업이 안 돼? 몇 년 있으면 될 거야"처럼 지금 시점에 필요한, 지금 시점에 통제감을 얻을 수 있는 조언을 해주기 때문에 수요가 늘고 그에 따라 공급도 느는 것으로 추측한다.

결과적으로 보면 우리가 부자가 되기 위해 노력해 왔던 것이 이런 불확실성의 시대를 가속화시킨 측면이 있다. 그 문제점을 알면서도 부자 열풍에서 자유롭기도 어려운 상황이다. 돈은 모든 것이 불확실한 상황에서 그나마 확실한 지표가 되어주기 때문이다.

자기 가치감

자존감의 요소로, 자신이 얼마나 중요한 사람인가를 느끼는 것이다. '나는 저 사람보다는 괜찮지.' '나는 평가받는 것보다 더 괜찮은 사람인데.' 은연중에 자신을 다른 사람과 비교하면서 자신이 얼마나 가치 있는 사람인가를 판단하는 것이다. 한국 사람들은 자기 가치감이 강하다 못해 과장되어 있는 편이다.

자기 불일치 이론

미국의 사회심리학자 토리 히긴스의 이론으로, 사람에게는 이상적 자기와 현실적 자기, 의무적 자기가 있는데 이상적 자기는 스스로를 이상적으로 보는 부분이고, 현실적 자기는 스스로를 객관적으로 보는 부분, 의무적 자기는 수행해야 하는 역할에 따라 자신의 역할을 판단하는 것을 뜻한다. 한국인은 이상적 자기가 현실적 자기에 비해 많이 과장되어 있다.

근자감

2009년부터 확산된 신조어로 '근거 없는 자신감'이라는 뜻이다. 원래는 근거도 없이 자신감만 가진 사람들을 우습게 보는 부정적인 시선에서 만들어졌으나 차츰 긍정적인 의미가 더해지면서 원하는 미래로 향하는 데 필요한 동력을 더해주는 자신감, 크게 고민하지 않고 아무 생각 없이 진행해 나갈 수 있는 힘 등을 뜻하는 의미로 사용되기도 한다.

우쭐

'어깨를 우쭐거린다'에서 나온 단어로, 잘난 척을 할 때 나오는 행동이다. 남보다 우월하다는 것을 확인하려는 욕구에서 나오며 그 우월성을 남에게 인정받으려는 욕구도 개입되어 있다. 실제로 잘난 점이 없는 데도 그걸 숨기기 위해 우쭐거리고 잘난 척을 하는 경우도 있다.

상대적 박탈감

최근 대두되고 있는 심리적 현상으로 전 세계적으로 화두가 되고 있다. "사촌이 땅을 사면 배가 아프다"라는 속담처럼 내가 가지지 못한 것을 누군가가 가졌을 때 느끼는 부정적인 감정을 뜻하며 주로 비교를 통해 생기는 감정이다. 최근 소셜미디어 등이 활발해지면서 더욱 많은 사람이 상대적 박탈감으로 괴로워한다.

한(恨)

한국 사람의 고유한 정서라고 말하는 감정으로, 사전적 의미로는 몹시 원망스럽고 억울하거나 안타깝고 슬퍼서 응어리진 마음을 뜻한다. 예전에는 힘든 삶을 겪으면서 '한스럽다'는 말이 흔했지만 지금은 정확한 단어로는 잘 내뱉지 않지만 현존하고 있는 정서다.

내부 귀인

특정 행동이 일어난 원인을 내부에서 찾는 것으로, 개인의 성격, 동기, 태도 등에서 이유를 찾는다. "잘되면 제 탓 못되면 조상 탓"은 전형적인 내부 귀인과 외부 귀인에 대한 속담으로 잘되면 자신에게서 원인을 찾는 내부 귀인과 못되면 조상에게서 원인을 찾는다는 외부 귀인이 표현되어 있다.

외부 귀인

특정 행동이 일어난 원인을 외부에서 찾는 것으로, 사회 변화, 외부 환경, 기회의 박탈 등에서 이유를 찾는다. 마음의 위로가 될 수도 있지만 자기 발전을 막는 핑계가 될 수도 있는 부분이기도 하다.

엔데믹(Endemic)

풍토병으로 굳어진 감염병을 뜻하며 우리나라는 2024년 5월 1일부터 코로나19 팬데믹을 거쳐 코로나19 엔데믹에 들어섰다고 선언했다. 팬데믹(Pandemic)은 세계보건기구(WHO)에서 선포하는 감염병 최고 경고 등급을 뜻한다. 엔데믹으로 병원에서도 마스크가 해제되고 여행이 자유로워지고 일상으로 돌아가게 되었다.

N포 세대

N가지를 포기한 세대를 뜻하는 신조어로, 연애, 결혼, 출산 등 세 가지를 포기하는 삼포 세대가 먼저 등장하고, 집, 경력, 희망, 취미, 인간관계 등을 포기하는 N포 세대가 등장했다. 물가 상승, 취업난, 경제 불황, 사회 불안으로 인해 많은 것을 포기하게 되는 현 세대를 뜻하는 우울한 신조어다.

과연 나는 부자가 될 수 있는가

한국인의 문화적 정서와
한국 사회의 어떤 기준

한국인의 문화적 정서에는 주인성 마음에 의
한 경험, 다시 말해서 어떤 경험을 하는 당사
자의 주관적이고 개인적인 부분이 강조된다.
그래서 한국인들의 언어 습관에는 이런 특징
이 있다. "그런 감이 왔어." "내가 볼 때는 이
래." 이런 말이 주관적인 부분을 보여준다.

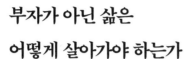

부자가 아닌 삶은
어떻게 살아가야 하는가

마음의 당사자적 속성

온갖 미디어와 소셜미디어에서는 부자가 되어야 한다고, 누구나 부자가 될 수 있다고 목소리를 높인다. 이 부자 신드롬 속에서 우리는 어떻게 살아가야 할까? 부자가 되기 위해 아등바등 방법을 찾아다녀야 할까? 무리하게 빚을 내서라도 부자가 되기 위해 노력해야 할까? 부자가 되지 못했다고 우울해하면서 살아야 할까? 부자 신드롬

이 전 국민에게 휘몰아치고 있다고 해서 5천만 대한민국 국민이 모두 부자가 될 수 있는 건 아니다. 물론 누군가는 성공하고 부자가 되겠지만 부자가 되지 못했어도 우리는 오늘을 살아야 하고 각자의 삶을 살아가야 한다. 사방에서 우리를 흔들리게 하는 부자 열풍에 휩쓸리지 않으려면 어떤 마음가짐으로 살아가야 할까?

우리의 마음가짐을 알아보기 전에, 대다수 한국인의 마음 경험 방식을 알아보자. 한국인으로서의 자신을 객관화해서 바라보는 계기가 될 것이다. 문화심리학에서의 연구와 관찰로 이론화된 한국인들은 자신의 경험을 굉장히 생생하게 받아들인다. 생소한 표현일 수도 있지만, 쉽게 말하면 한국인들은 어떤 마음이 들고 어떤 느낌이 느껴진다면 그것이 곧 진실이라고 생각한다. 지금 억울하다, 서럽다, 섭섭하다는 마음이 들었다면 그것이 진실이다. 왜냐하면 내가 그런 마음이 들었으니까. 그런 느낌이 들었다는 그 자체는 부정할 수 없는 사실이니까.

요약하면, '마음은 특정 상황에 대해 생성되며 당

사자에게는 진실이 된다'라고 할 수 있다. 이런 부분을 '마음의 당사자적(주관적) 속성'이라고 한다. 어떤 경험을 하는 그 당사자에게는 심리 경험이 굉장히 생생하게 진행 중이며 이것이 진실이라는 것이다. '당사자적'이라는 말에는 주관적이라는 속성이 들어가 있다. 내가 어떤 행위의 당사자로 파악하는 현실이기에 주관적일 수밖에 없다. 그래서 한국인들의 마음은 당사자로서의 마음, 다시 말해서 이 마음을 경험하는 사람의 주관적인 판단에 방점이 찍힌 마음을 가지고 있다고 본다.

사람의 마음에는 행위의 주체로서 행동해 나가는 부분이 있다. 한 사람이 이미 어떤 요인에 의해서 가지고 있는 마음의 배경, 마음의 바탕으로, 그것을 요소적 마음과 주인성 마음이라고 한다. 먼저 요소적 마음은 이미 가지고 있는, 자신의 바탕이 되는 것으로 성격이나 태도, 정서, 동기, 욕구 등 한 사람에게 이미 들어 있는 요소를 뜻한다. 이러한 요소적 마음은 주로 서구의 현대 심리학에서 발달한 주제다. 심리학 개론을 보면 보통 정서, 동기, 성격, 태도 등으로 챕터가 나누어져 있다.

하지만 서구 심리학에서 깊이 있게 연구하지 않는 부분이 주인성 마음으로, 행위의 당사자가 그 행위를 할 당시의 마음은 심도 있게 연구하지 않는다. 하지만 이 부분이야말로 한국인이 가지고 있는 심리의 핵심이다. 마음먹기에 달렸다, 마음을 다스린다, 마음을 쓰다 모두 이 주인성 마음에 해당된다. 서구 심리학에서는 주인성 마음은 개인마다 다른 부분이라고 생각한다. 그래서 어떤 통계를 내거나 연구를 할 때도 개인차에 대한 부분은 빼고 종합적이고 평균적인 부분만 다루게 된다. 하지만 한국인은 많은 경험에 있어서 당사자로서의 마음이 굉장히 큰 부분을 차지한다.

그래서 한국인의 마음을 제대로 이해하기 위해서는 그 문화적 정서를 들여다볼 필요가 있다. 문화적 정서는 어떤 특정 문화에서만 존재하는, 특정 나라의 같은 민족, 같은 언어를 사용하는 사람들이 쓰는 말로 이루어진 정서를 뜻한다. 같은 나라 사람들이 자기네 말로 자기네들의 심리를 설명하는 방식이자 그 마음의 질을 나타낸다고 할 수 있다. 예를 들어 한국에는 억울하다, 서

운하다는 정서가 있다. 한국 사람은 이 말이 무슨 의미인지 바로 와닿지만 외국인에게는 설명하기가 애매하다. 우리가 공유한 문화적 맥락을 모르는 사람들은 이해하기 어려운 특징적인 정서를 문화적 정서라고 한다.

한국인의 문화적 정서에는 주인성 마음에 의한 경험, 다시 말해서 어떤 경험을 하는 당사자의 주관적이고 개인적인 부분이 강조된다. 그래서 한국인들의 언어 습관에는 이런 특징이 있다. "그런 감이 왔어." "내가 볼 때는 이래." 이런 말이 주관적인 부분을 보여준다. 감이 왔다는 게 도대체 어떤 의미일까? 이 감을 통해 어떤 식으로 상호작용을 해야 할까?

이를 판단하기 위해서는 소위 반추적 사고를 해야 한다. 반추는 되새김질이다. 내가 경험했던 것을 되새겨보면서 이 사람과의 관계가 어떻고, 이 사람이 무슨 이야기를 했으니까 아마 이런 의미일 것이라는 식으로 내가 경험한 것을 다시 한번 파악하고 재해석하는 과정이 반추다. 반추의 과정이 들어가기 때문에 한국인의 문화적 정서는 일반적으로 심리학에서 언급되는 기본 정서와는 다르며 서로 공유하는 맥락과 해석하는 방식도 달라진다.

한국인의 정서 '억울'

한국인의 대표적인 문화적 정서인 '억울'을 통해 한국인들은 어떤 식으로 독특한 정서를 경험하는가를 알아보자. 억울은 굉장히 한국적인 정서다. 억울(抑鬱)은 한자어지만 한국에서만 쓰는 한자다. 영어로 번역할 때는 디프레션(depression)이라고 하지만 디프레션은 임상심리학이나 정신의학에서 '우울'을 의미하는 개념으로, 우울과 억울은 다른 뜻이다.

우리나라에서 억울이라는 단어를 들었을 때 사람들이 공통적으로 떠올리는 문화적 표상이 몇 개 있다. 대표적으로 서럽고 억울한 귀신의 모습이다. "사또, 억울합니다"라며 자신의 한을 풀어달라고 하는 귀신의 이야기를 어렸을 때부터 들었고 TV에서도 흔히 보았다. 소설 〈장화홍련전〉이나 드라마 〈전설의 고향〉에서 흔하게 나오는 주제이기도 하다.

　　예로부터 한국인은 이 억울함에 굉장히 민감했다. 조선 초기에는 백성들이 자신의 억울함을 임금님에게 직접 이야기할 수 있는 신문고라는 제도가 있었다. 대궐문에 북을 달아서, 억울한 일을 당한 백성이 북을 치며 자신의 억울함을 토로할 수 있었다. 장화와 홍련으로 대표되는 억울한 귀신은 지방관인 사또에게 자신의 사연을 이야기하지만, 사또가 자꾸 죽어서 억울함이 풀리지 않을 때는 임금님한테 직소할 수 있는 제도가 조선 초기에 이미 나왔다는 것이다. 이런 이야기만 봐도 한국 사람들이 억울함에 얼마나 민감한지 알 수 있다.

　　앞에서 한국 사람들이 잘 느끼는 부당함, 불공정 또는 상대적 박탈감 같은 것이 한의 초기 정서라고 했는데, 부당함에 대한 지각에서 비롯되는 감정인 억울함이야말로 한의 핵심이다. 현대사회에 들어서며 나타난 새로운 표상이 "억울하면 출세해라"다. 1966년에 발표된, 원로 가수 김용만이 부른 노래 '회전의자'의 가사를 보면 "빙글빙글 도는 의자 회전의자에 임자가 따로 있나 않으면 주인인데 (중략) 억울하면 출세하라 출세를 하라"라는 가사가 나온다. 억울한 일을 당한 이유는 내가 출세하지 못했기 때문이라는 것이다. 억울한 일을 당하지 않으려면 출세를 해야 한다.

출세란 뭘까? 다른 사람에게 무시당하지 않도록 돈과 권력을 갖는 것이다. 한국인들에게는 판검사가 되거나 의사가 되어 권력을 가지거나 돈을 많이 벌어 부자가 되어 명예를 가지거나 해야 억울함을 경험하지 않는다는 문화적 인식이 있다. 하지만 과연 이것이 한국만의 특수한 정서일까?

억울함을 국어사전에서 찾아보면 "처한 사정이나 일이 애매하거나 불공정해 마음이 분하고 답답하다"라고 나온다. 정서적인 부분은 분하고 답답한 것이다. 화가 나면서 답답한 마음을 동시에 겪는 상황이다. 그 이유는 내가 경험한 일이 불공정하고 부당하기 때문이다. 그런데 앞에 '애매하다'라는 단어가 있다. 애매하다라는 단어는 마음의 주관적인 속성, 당사자적인 속성을 잘 보여준다. 나는 억울한데, 이 이야기를 주변 사람에게 하면 "그건 네가 억울할 일이 아닌데?" 식의 답변을 들을 때가 있다. "나 이거 되게 억울하잖아"라고 하소연했을 때 "그건 네가 잘못한 것 같은데?"라는 답을 들으면 더 억울해진다. 어쨌든 나는 억울하지만 다른 사람이 객관적으로 보면 그렇지 않을 수도 있는 '애매한 것'까지 포함된 억울함이다.

한국인들은 이 억울함을 언제 형상화할까? 부당한 일을 당했을 때다. 이 억울함을 경험했다면 어떻게 해야 할까? 억울함을 해소해야 한다. 내가 억울하다는 것을 동네방네 알려야 한다. 그래서 귀신도 저세상으로 가지 못하고 사또님을 찾아올 수밖에 없다. 억울함이 바로 해결되지 않아도 내가 억울하다는 것을 누군가가 알아주는 게 굉장히 중요하다. 이것이 감정의 호소와 표출이다.

억울한데 그것을 표현할 데가 없으면 답답해지고 답답한 게 오래되면 화병이 된다. 영어사전에도 'hwa-byung'이라고 등재되어 있을 만큼 한국인들에게 보이는 유명한 정신 증후군이 화병(火病)인데, 내가 경험한

감정을 제대로 표현하지 못한 경우 화병으로 갈 수 있는
감정이 억울함이다.

'업셋'한 미국, '쿠야시이'한 일본 ——————

그런데 과연 이 억울함은 우리나라에만 있는 감정일까?
일본, 중국, 미국, 세 나라를 조사해 본 결과, 일단 '억울
하다'라는 말이 있는 나라는 우리나라뿐이다. 미국은 당
연히 없고 한자 문화권인 일본과 중국도 '억울하다'라는
표현을 쓰지는 않는다.

부당한 일을 당했거나 내가 하지 않은 일로 혼나
거나 불이익을 당하면 누구나 억울함을 느낀다. 또는 내
가 누군가에게 어떤 이야기를 전달했는데 오해를 받거
나 되려 나에게 뭐라고 하면 또 억울하다. 내가 어떤 일
을 했는데 내가 한 것보다 낮은 평가를 받으면 부당하고
또 억울하다. 내가 하지 않아도 되는 일을 떠맡아서 해
야 하는 경우도 억울하다.

이렇게 '억울하다'라는 감정을 경험하는 경우는

PART 3

크게 네 가지다. 이 네 가지 경우에 다른 나라 사람들은 어떤 식으로 판단하는지 살펴보면, 일본인은 하지 않은 일로 불이익을 당했을 때 부당하다, 화가 난다는 답변을 제일 많이 했고, 중국은 다른 나라보다 남의 일을 떠맡게 되었을 때 부당함을 크게 느꼈다. 흔히 미국 사람들은 개인주의 문화로 알고 있지만 개인주의 문화는 주변의 무엇도 신경 쓰지 않고 나만 좋으면 된다는 문화가 아니다. 삶의 주체가 나 자신이기 때문에 오히려 다른

부당함을 느끼는 경우				
	하지 않은 일로 불이익	이해받지 못함	정당한 평가를 받지 못함	남의 일을 떠맡음	계
한국	48	16	15	8	87
	55.2%	18.4%	17.2%	9.2%	100%
일본	57	12	11	0	80
	71.3%	15.0%	13.8%	0.0%	100%
중국	22	21	12	16	71
	31.0%	29.6%	16.9%	22.5%	100%
미국	36	31	9	3	79
	45.6%	39.2%	11.4%	3.8%	100%

경험한 정서		
	내부적 부정 정서	**외부적 부정 정서**
한국	황당, 좌절, 무력감	억울(47%, 48.4%), 분노, 짜증
일본	초조, 당황, 슬픔	분노, 부당함, 쿠야시이(7%, 9.2%)
중국	무력감, 슬픔	분노, 불쾌, 웨이취(7%, 12.3%)
미국	upset, confused, frustrated	angry, annoyed

경험한 정서					
	분노	불쾌	당혹	관계 정서	계
한국	54	15	9	15	93
	58.1%	16.1%	9.7%	16.1%	100%
일본	36	12	16	17	81
	44.4%	14.8%	19.8%	21.0%	100%
중국	13	17	5	19	54
	24.1%	31.5%	9.3%	35.2%	100%
미국	37	12	13	13	75
	49.3%	16.0%	17.3%	17.3%	100%

사람에게 내 뜻을 잘 전달하고 이해시켜야 한다. 그래서 미국인은 내가 무언가를 전달했는데 남들이 그것을 잘 못 알아들으면 답답하고 화가 난다.

억울한 경험을 겪었을 때 느끼는 정서는 말로 표현하면 '억울하다'가 되지만 내부적으로는 복합적인 감정을 느낀다. 이는 내부적 부정 정서와 외부적 부정 정서로 나뉘는데, 내부적 부정 정서는 상황이 너무 어이없네, 황당하네라는 느낌이고 외부적 부정 정서는 어떤 대상이 있는 부정적 정서를 말한다. 누구한테 화가 난다, 누구한테 짜증이 난다, 누구 때문에 억울하다라는 해석이 외부적 정서라고 본다.

일본 같은 경우는 특이하게 '초조하다'라는 말이 나타난다. 일본어로 '쿠야시이(くやしい'라는 표현이다. 상황이 어떻게 돌아가는지 모르겠다, 뭘 해야 할지 모르겠다, 그럴 때 초조하다는 말을 쓴다. 일본인들은 부당한 상황에서 초조함을 느낀다. 이 부분이 우리와 다른 일본인만의 특징이다. 보통 '쿠야시이'를 '억울하다'라고 번역하는데, 우리말로 '억울하다'는 한국적인 개념이

고 일본어로 '쿠야시이'는 어떤 대상에 표출하는 정서가 아니라 그런 상황을 초래한 자신에 대한 분노나 속상함에 가깝다고 한다.

예전에 피겨스케이팅 선수 아사다 마오가 경기에서 질 때마다 "쿠야시이"라고 말했는데, 한국 사람들은 '자기가 못해놓고 왜 분하다고 그러지?'라고 생각했다. 일본어의 뉘앙스를 이해하면 내가 스스로 때문에 분하다는 뜻에 가까운 것이다. "내가 더 잘했어야 했는데 기량을 제대로 펼치지 못해 '쿠야시이'하다"라고 이해할 수 있는 표현이다.

중국은 내부적 부정 정서로 무력감, 슬픔 등을 느낀다. 중국적인 표현으로 웨이취(委屈)라는 표현이 있는데, '상황이 꼬였다'라는 뜻이다. "이게 왜 이렇게 됐지? 어쩌다가 이렇게 꼬였지?" 같은 느낌이다. 이 또한 상대에 대한 분노를 담고 있는 표현이라기보다 상황에 대한 당황이나 상황 자체를 탓하는 것에 가깝다.

미국에는 굉장히 미국적인 표현인 업셋(upset)이 있다. 업셋은 세팅된 것이 뒤집어졌다는 뜻이다. 한국어에도 "나 뒤집어졌잖아" 같은 표현이 있듯 기본 상태가 뒤집어져 정상이 아닌 상태라고 표현하는 것이다. 영어에서도 억울에 해당하는 외부적 부정 정서는 찾을 수 없었다.

　　한국은 거의 60퍼센트 정도가 억울하고 열받고 화나는 감정을 느끼고, 일본은 당혹감, 초조함이 다른 나라보다 크고, 중국은 슬프다, 배신당했다라는 쪽으로 많이 받아들인다.

부정 정서에 이어지는 행위 양식				
	무행동	간접 토로	직접 토로/해결	계
한국	56	10	28	91
	59.6%	10.6%	29.8%	100%
일본	61	5	18	84
	72.6%	6.0%	21.4%	100%
중국	35	10	26	71
	49.3%	14.1%	36.6%	100%
미국	21	15	43	79
	26.6%	19.0%	54.4%	100%

그렇다면 억울한 마음이 들었을 때는 어떻게 행동할까? 일본은 가장 많은 72.6퍼센트가 "아무 행동도 하지 않는다"라고 답변했다. 중국은 아무 행동도 하지 않는 것이 49.3퍼센트로 아시아의 세 나라 중에서는 가장 낮았다. 미국은 개인주의 문화권의 나라답게 직접적으로 상대방과 해결하려고 하는 움직임이 나타난다. 간접적으로까지 합하면 거의 73.4퍼센트가 바로 행동으로 옮기는 문화가 미국 문화라고 볼 수 있다.

한국은 무척 흥미롭다. 한국 사람들은 억울함을 민감하게 경험하지만 그에 대한 대처로는 아무 행동도 하지 못하는 것이 59.6퍼센트에 달한다. 너무나 화가 나지만 어떤 행동도 하지 못하는 상황이 더 많은 것이다. 그래서 억울하다는 감정에 답답하다는 감정까지 포함된다. 굉장히 부당하고 화가 나고 어이가 없고 환장하겠는데 할 수 있는 것도 없고 해도 어쩔 수 없을 것 같아 아무 행동도 하지 못하고 결국 억울함에 답답함까지 더해지면서 더 분노를 느끼는 것이다.

물론 억울한 감정을 민감하고 느끼고 해결하려고

한국	분노 등 외부적 정서를 더 많이 느낀다. 토로/해결하려고도 하지만 참는 경우가 많다.
일본	당혹감 등 내부로 향하는 정서를 많이 느낀다. 상대적으로 참는 경우가 많다.
중국	실망, 슬픔 등 관계적 정서를 많이 느낀다. 상대적으로 직접 해결하려고 한다.
미국	분노 및 다양한 정서를 느낀다. 대부분 직접 해결하려고 한다.

하는 경우도 많다. 중국 사람과 비슷한 비율로, 일본 사람보다는 더 높은 비율로 직접 문제를 해결하려고 하지만 어쩔 수 없이 참아야 하는 경우가 많다. 일본 같은 경우는 남에 대한 감정, 남에 대한 분노라기보다는 당혹감, 초조함으로 부정 정서를 경험한 뒤 상대적으로 참는 경우가 많다. 집단주의 문화에서는 집단의 조화를 위해 개인의 부정적 감정을 참는다고 말하곤 하는데 이를 전형적으로 설명해 주는 나라가 일본이다. 한국은 참아야 하지만 참는 것 때문에 더 화가 나서 표출적인 행동을 하는 경우가 상당히 많다.

중국의 독특한 문화 중에 꽌시(关系)라는 게 있다. 내가 중요하다고 생각하는 사람과의 관계를 꽌시라고 하는데, 꽌시에서는 상당히 많은 것이 허용되고 꽌시의 부탁이면 헌신적으로 해야 한다. 그런데 어떤 사람이 꽌시임에도 불구하고 나에게 부당한 취급을 했다? 그러면 관계에 실망감을 느끼게 된다. 설문조사 또한 그런 부분이 반영된 결과라고 보인다.

그렇다면 경험을 주관적으로 해석하는 한국인이 굳이 타인까지 신경 쓰는 이유는 무엇일까? 남이 나에게 눈치를 준다는 것을 주관적으로 느끼지만 사실 사람들은 타인에게 그다지 관심이 없다. 영화 〈트루먼 쇼〉를 보면 트루먼이 결국 자기 삶을 찾아가는데, 사람들은 그 모습을 보다가 "딴 데 뭐 보지?" 하고 무심하게 채널을 돌린다. 기본적으로 사람들은 남의 시선이나 남의 삶에 큰 관심이 없다.

그런데 한국인들의 마음 경험 방식은 다른 사람의 시선을 크게 받아들이게끔 하는 측면이 있다. 거기에는 나의 가치, 나의 자기 인식도 작용한다. '나는 괜찮은 사람이고 영향력 있는 사람인데 다른 사람도 나를 그렇게 괜찮게 봐줄까? 이 정도는 가지고 있어야 사람들이 나를 봐주지 않을까?'라고 생각하는 측면 때문에 남의 시선을 신경 쓸 수밖에 없는 것이다.

우리를 불행하게 하는
마음 습관

기준이 높아진 한국 사회

한국인들이 심리적으로 가지고 있는 이런 정서적인 특징 외에도 현실을 불행하게 만드는 마음 습관이 또 하나 있다. 현대사회에 들어서면서 문화적으로도 형성된 생각으로, 삶에 어떤 기준이 있다는 생각이 그것이다.

1980년대 초반, 우리나라 산업이 어느 정도 궤도에 오르면서 불량품을 줄이고 수출을 늘리기 위해 표준

제품을 생산해서 소비하는 문화가 정착했다. 이는 KS인 증마크로 대표된다. 꼭 산업과 관계있는 것만은 아니다. 조선 시대에서 일제 강점기를 지나 6.25전쟁을 거치며 현대 한국을 발전시키면서 우리는 과연 어떤 식으로 살아야 하나, 어떤 식으로 사는 게 맞는 것일까를 고민하고 방향을 잡아가기 시작했다.

이때 한국인의 언어 습관, 마음 습관에 작용한 것이 바로 '남 부끄럽지 않은 삶'이다. 또는 '남부럽지 않은 삶'이다. 이런 삶에는 필연적으로 비교가 들어갈 수밖에 없다. 나는 이 정도로 사는데 남들은 어떻게 살지? 쟤는 저 정도로 사는데 나도 쟤한테 부끄러우면 안 되겠지? 그래서 저 사람은 있는데 내가 없는 것을 마련하려고 하고, 저 사람에게 부끄럽지 않도록 어떤 기준을 만든다. 이런 식의 마음 습관이 한국인의 삶의 기준을 형성하는 데 중요한 역할을 했다. 가족은 아들딸 하나씩 있는 4인 가족이 좋고, 방 세 개짜리 아파트에 30평은 넘어야 하고, 중형차 이상의 자가용이 남 부끄럽지 않고, 학교는 어디 정도 나오고 회사는 어디는 다녀야 하고, 이런 게 평균이고 기본이라 생각하는 것이다. 그렇게 평균을 잡아버렸으니 평균에 도달하지 못하면 얼마나 불행한 일이고 남 부끄러운 일인가? 상대적 박탈감이 들고 부당하다는 생각이 들고 억울하고 답답한 마음까지 만들어낸다.

여기서 생기는 또 하나의 문제가 지나칠 정도로 높은 기준이다. 한국인은 표준에 대한 기준이 있고 그 기준이 객관적인 기준보다 높은 측면이 있다. 최근 인터넷에서는 '평균 올려치기'가 화제였다. 물론 공식적인 표현은 아니지만 "내가 보기에 우리나라 사람들은 이 정도가 평균인 것 같아"라고 공유하는 내용이 있다는 것이다. 예를 들면 대학교는 최소 지방 국립대 정도는 나와야 평균이라 생각하고, 소득도 월 500만 원 정도는 벌어야 평균이라고 생각한다. 하지만 실제 지표를 보면 지방 4년제 대학 정도가 한국의 평균 이상이며, 실제 소득구간별 비율을 보면 월 200만 원에서 300만 원 정도가 가장 많다.

통계청에서 소득구간별 비율을 조사한 결과, 100

만 원 미만이 9퍼센트, 100만 원에서 200만 원 미만이 14퍼센트, 200만 원에서 300만 원 미만이 34퍼센트, 300만 원에서 400만 원 미만이 21퍼센트, 400만 원 이상이 22퍼센트다. 200만 원에서 300만 원 사이가 가장 많은 비중을 차지하는 것이다. 그런데 사람들이 더 높은 기준을 평균이라고 은연중에 생각하고 드러내니까 자신도 그 정도를 평균이라 생각하고 거기에 미치지 못하면 상대적 박탈감은 더 강해진다.

지나치게 높은 기준은 한국인들의 자기 가치감과도 관련이 있다. 한국인들은 자신이 가진 객관적인 지표보다 자기를 더 높이 평가하는 경향이 있고, 그 때문에 평균도 높이 잡는 것이다. "이 정도는 해야 해. 이 정도는 나와야 해. 이 정도는 벌어야 해. 이 정도 집에서는 살아야 해. 나니까." 이런 생각 때문에 기준이 높아지는 측면이 분명히 있다.

앞에서도 언급한 미국의 설문조사에서, "얼마나 돈이 있어야 부자라고 생각합니까?"라는 질문에 미국인들은 우리 돈으로 28억 원 정도가 있으면 부자라고 생각한다고 응답했다. 그런데 한국 사람들은 43억 원은 있어야 부자라고 응답했다. 거의 두 배에 가까운 돈이다. 현실적으로 우리 주변에 43억을 가진 사람이 그렇게 흔하지 않다. 물론 눈에 불을 켜고 찾아보면 있겠지만, 흔한 것도 아니고 객관적인 비율로 따져도 무척 적은 비율인데 이 정도 재산은 있어야 부자라고 생각한다. 그리고 나는 이 정도를 가지지 못했으니 당연히 부자가 아니라고 좌절한다. 물론 43억 원 이상 가진 사람도 "나는 부자가 아니야"라고 생각할 수 있다.

이렇듯 모든 것에 기준이 높기 때문에 불행한 일도 그만큼 많다. "다른 사람은 다 부자 같은데 나는 왜 이러지"라는 생각으로 이어지기 때문이다. 물가를 고려하면 미국이 한국보다 실질소득이 43퍼센트나 높다. 그럼에도 불구하고 부자 기준은 우리가 더 높다. 이 조사를 다시 계산 보정하면 한국인은 미국인보다 네 배, 다섯 배 정도 부자에 대한 기준이 더 높다고 볼 수 있다.

그렇다면 이렇게 평균을 올리는 건 과연 누구일까? 기준을 높게 잡아 많은 사람을 상대적 박탈감에 빠지게 하는 건 과연 누구일까? 인터넷에서는 "언론이 조장한다" "드라마나 연예인을 보면 다 그런 사람들이기 때문에 나도 그래야 하는 줄 안다"라고 하는데, 결국 그런 기준을 만드는 건 우리 자신이다. 내가 그렇게 보는 것이다. 내가 그랬으면 좋겠다는 욕망이 이런 평균을, 삶의 기준을 높게 설정하는 데 영향을 미친다.

현실을 불행하게 만드는 상대적 박탈감

현실을 불행하게 만드는 마음 습관 중 하나가 상대적 박탈감이다. 상대적 박탈감은 주관적으로 경험된다. 상대적 박탈감은 누군가와의 비교를 통해서 경험되는 부정적인 감정으로, 주로 나보다 많이 가진 사람들, 나보다 낫다고 생각하는 사람들과 비교하는 부정적인 마음이다. 그런데 그 비교를 어디까지 하느냐가 문제다. 이 부분에서 한국인의 당사자적 마음 경험, 주관적인 부분이 개입한다.

코로나 시기에 부동산이 하늘 높을 줄 모르고 올

랐다. 그때 벼락거지라는 단어가 나왔다. "소처럼 일했는데도 벼락거지"라는 말이 뉴스 헤드라인에 뜰 정도였다. 벼락부자는 들어봤지만, 벼락거지는 도대체 무슨 말일까? 내 자산은 변화가 없지만 그때쯤 집을 산 사람은 집값이 올라 돈을 벌었고 나는 그만큼 돈을 못 벌었다는 것이다. 누군가의 집이 10억이 올랐다면 나는 그에 비교해서 하루 아침에 10억만큼 거지가 된 것이다. 이는 따지고 보면 틀린 말이다. 내 자산은 변화가 없다. 변화가 없는데도 남과 비교해서 내가 거지가 되었다고 생각하는 마음 습관이 상대적 박탈감이다.

집을 산 사람 중에 집값이 오르지 않은 사람도 많다. 집을 샀는데도 부자가 되지 못하고 집을 사기 위해 영끌하고 빚투해서 갚아야 할 돈만 많은 사람도 많고 집은 있지만 자산이 좋아지는 상황이 아닌 경우도 많다. 그런 사람은 모두 무시하고 누군가는 집값이 올라 엄청나게 돈을 벌었는데 나는 집을 사지 못해 돈을 벌지 못했으니 '나는 거지다'라고 생각하면 불행한 결과만 초래할 뿐이다. 불행을 가속화시키는, 재산이 아니라 마음이 가난해지는 마음 습관이다.

　NH투자증권 100세시대연구소의 설문조사 또한 무척 흥미롭다. 이 조사에서는 월급 300~400만 원을 받는 중산층과 월급 500~600만 원 이상 받는, 연봉으로 치면 1억 원 정도를 받는 고소득층을 대상으로 계층에 대한 자가 인식을 살펴보았다. 중산층 중에서는 79.1퍼센트가 자신을 빈곤층이라 생각하고 고소득층 중에서는 50퍼센트에 가까운 49.1퍼센트가 자신을 빈곤층이라고 생각한다는 결과가 나왔다. 중산층 중에서 자신이 중산층이라 생각하는 사람은 19.8퍼센트에 불과했으며, 고소득층 중에서 자신이 중산층이라 생각하는 사람들은 47퍼센트였다. 고소득층 중에서 자신이 고소득층이라고 생각하는 사람들은 3.9퍼센트에 불과했다. 거의 95퍼센트에 달하는 고소득층이 자신을 빈곤층이나 중산층이라 생각하는 것이다.

　과연 누구에 비해 빈곤층일까? 자기보다 돈이 많은 사람과 비교해서 빈곤층이라 생각하는 것이다. 내가 20억이 있어도 빌 게이츠나 삼성 이재용 회장과 비교하면 굉장히 가난하다. 물론 객관적으로 따지면, 그들에 비해 빈곤하다고 할 수도 있지만, 세상에는 그런 상대적 비교만 있는 게 아니라 절대적 기준이 있다. 중산층과 고소득층을 구분하는 기준은 절대적 기준이다. 세계 어느 나라에서나 이 정도 수입이면 중산층, 고소득층으로 분류가 됨에도 불구하고 '나는 거지다', '나는 빈곤하다'라고 생각하는 마음 습관에서는 어떤 결과가 이어질까? 재산의 빈곤이 아니라 정신의 빈곤으로 이어질 수밖에 없다.

핑계 없는
무덤 없다

잘되면 제 탓 못되면 조상 탓

현실을 불행하게 만드는 또 하나의 마음 습관은 외부 귀인, 즉 남 탓을 하는 것이다. 쉽게 말하면 핑계다. 물론 모든 것이 개인의 잘못은 아니다. 가난한 건 전부 네 탓이니까 네가 가난에서 벗어나려면 노력밖에 답이 없다, 이런 말이 아니다. 모든 상황에는 내 탓과 남 탓만 있는 게 아니라 상황 탓도 있다. 개인의 상황이 어떻게 흘러가느

냐의 문제도 있고 국내 정세나 세계 정세, 역사적 흐름 등 개인이 일일이 통제할 수 없는 이유가 현재의 상황을 만든다. 하지만 무조건 특정 집단 탓, 특정 개인 탓을 하면 문제 해결도 어렵고 지금 상황도 해결하기 어렵다.

한국에서 전해 내려오는 속담 중에는 핑계에 관한 속담이 굉장히 많다. "핑계 없는 무덤이 없다." "잘되면 제 탓 못되면 조상 탓." "도둑질을 하다 들켜도 변명을 한다." 이런 속담이 전형적인 외부 귀인과 관련된 속담이다. 핑계는 내가 한 일에 대한 변명이나 구실이다. 핑계는 우리나라 사람들이 오랫동안 가져온 특성인지 1970~1980년대에 외국 학자들이 쓴 글을 보면 한국인은 핑계를 많이 댄다는 내용이 있다.

귀인 이론에 따라 그 원인을 찾아보면 우리나라의 핑계는 자기 고양적 귀인에 해당한다. 자기 고양이란 나를 높인다는 말이다. 나의 높은 자존감을 유지하기 위해서 하는 식의 귀인이 핑계, 남 탓이다.

최근 집단 간의 갈등, 사회적 갈등이 굉장히 심해지고 있는데 대부분 집단을 탓하는 식으로 나타난다. 세대 간 갈등은 청년 세대가 노인 세대를 탓하고, 산업 현장이나 회사에서는 기성세대가 청년 세대를 탓하며, "쟤네들이 이기적이어서 결혼도 안 하고 애도 안 낳는다"라고 한다. 또 성별 갈등에서는 "이것은 남자 탓이다" "이것은 여자 탓이다" 하며 서로를 탓하면서 사회적 갈등이 커지고 실질적인 사회 문제 해결을 어렵게 만드는 측면이 있다. 이 모든 것이 전형적으로 자기 가치가 높은 사람들의 귀인 양식이다.

국가인권위원회의 노인 인권 종합보고서에 따르면, 노인 일자리 및 세대 갈등에 대한 청장년층(19~64세)의 인식을 조사한 결과 노인과 청장년 간에 대화가 통하지 않는다고 생각하는 사람들이 87.6퍼센트였으며, 노인과 청장년 간에 갈등이 심하다고 생각하는 사람들이 80.4퍼센트, 노인복지 확대로 청년 부담이 증가한다는 사람들이 77.8퍼센트, 노인 일자리 증가로 청년 일자리 감소가 우려된다는 사람들이 55.4퍼센트에 달했다. 이런 통계만 보더라도 세대 간 갈등이 얼마나 심각한지 파악할 수 있다.

개인의 노력 여부를 탓하는 사람들 ———

남 탓을 하지 않으려면 어떻게 해야 할까? 무조건 자기 탓을 하는 것도 좋은 방법은 아니다. 저 사람들에게 책임이 100퍼센트 없는 건 아니지만 저 사람들에게 모든 책임을 지우고 혐오한다고 해서 해결할 수 있는 일은 없다. 실질적인 문제 해결을 위해서는 지나치게 특정 집단을 탓하는 마음 습관을 다시 생각해 볼 필요가 있다. 핑계란 '내가 그렇게 못난 사람일 리 없어'라는 마음에서 스멀스멀 생겨난다. 그 마음이 생겨난 동기 자체를 다시 고민해 볼 필요가 있다.

최근 두드러지고 있는, 현실을 불행하게 만드는 마음 습관 중 노력 귀인과 능력주의가 있다. 노력 귀인은 무조건 노력해야 한다는 것이다. 누군가가 가난하다, 누군가가 성공하지 못했다면 그 사람 개인의 노력이 부족해서 나타난 결과라는 식의 접근이다. "공부가 부족했던 것 아니야?" "노력해서 더 좋은 대학을 못 가서 그런 거 아니야?" "더 열심히 일해서 승진했어야 하는 거 아니야?" 다른 상황은 생각하지 않고 개인의 노력을 탓하는 마음 습관이다.

능력주의는 능력이 있으면 능력만큼 원하는 것을 얻을 수 있어야 한다는 접근으로 지금 우리 사회에서 많이 드러나고 있는 관점이다. 나는 능력이 있고 저 사람은 능력이 없는데 나는 못 얻은 것을 저 사람이 얻으면 굉장히 부당하고 억울하다고 세상을 인식하게 되는 마음 습관이다.

그런데 한국 사람이 열심히 노력하게 된 데는 이유가 있다. 한국은 아무런 인프라가 없었고 기반 산업조차 없는 상황에서 경제를 발전시켜야 했기에 한 사람의 성공은 그 사람의 온전한 노력에 의한 경우가 많았다. 신분제가 없어진 상황에서 가문의 힘을 빌릴 수도 없고, 가문에서 축적한 재산의 힘을 빌릴 수도 없는 상황이었다. 개인의 능력으로 노력해서 성공한 사람이 많았기 때문에 '나도 저 사람처럼 노력하면 되겠구나'라는 식으로 노력에 많은 것을 귀인하면서 살아온 측면이 있다.

하지만 노력했는데도 꿈이 이루어지지 않고 원하는 것을 얻지 못하면 부당하다, 세상이 잘못됐다라는 생각이 든다. 하지만 세상은 100퍼센트 노력만으로 성공하거나 내 노력이 일대일로 작용하는 곳이 아니다. 과연 내 노력이 온전히 나만의 능력이고 내가 이룬 것이 100퍼센트 나의 노력이고 능력일까 고민해 봐야 한다.

2020년에 대한민국 소득계층별 사교육비 현황을 조사한 결과, 소득이 높은 가정일수록 사교육비에 돈을 많이 지출한다는 결과를 볼 수 있었다. 가구 소득이 200만 원 미만이면 사교육비 월평균이 9.9만 원이며, 가구 소득이 200~300만 원일 때는 사교육비 월평균이 15.2만 원, 가구 소득이 700~800만 원일 때는 사교육비 월평균이 42.5만 원, 가구 소득이 800만 원 이상인 경우에는 사교육비 월평균이 50.4만 원이었다. 가구 소득과 사교육비는 정비례로 늘어난다.

즉, 소득이 높은 가정에서 태어나면 더 좋은 조건에서 더 좋은 교육을 받고, 성공에 다가갈 수 있는 확률이 그렇지 못한 사람들에 비해서 훨씬 커진다는 것이다. 그런데 100퍼센트 내가 공부를 열심히 했기 때문이라고만 생각하고 오히려 성공하지 못한 사람들에게 "너네는 노력을 안 해서 그래. 공부를 더 하지 그랬니?"라고 하는 것은 사회 현상에 무심하고 타인에게도 무신경한 관점이다. 다른 사람의 상황이나 삶에 관심이 없는 것이다. 과연 노력이 100퍼센트 나만의 노력일 수 있을까? 노력과 성과는 일대일로 대응하는 것일까? 그렇지 않다.

한국 사회를
갑질에 빠지게 만든 권위주의

권위주의와 갑질의 문제

권위주의 사회 또한 현실을 불행하게 만든다. 한국 사람들은 예전부터 권위주의적이라는 평가를 받아왔다. 문화심리학에서는 이 주제를 서열성이라고 설명하는데, 우리는 다른 사람을 만나면 어떻게든 서열을 정하고 상대방과 나의 우위를 판단하려고 한다. 모르는 사람을 만나면 "몇 년생이세요?"부터 물어보고 내가 나이가 많으면 저 사람보다 어른이라 생각하고 우위를 점하려고 한다. 나이는 가장 사소한 것이고 돈이든 연봉이든 직업이든 학력이든 지위든 내가 다른 사람보다 좀 아래에 있다고 생각하면 그 사람 앞에서 왠지 숙이는 경향이 있고 내가 다른 사람보다 위에 있다고 생각하면 우월감을 드러내려는 속성이 있다. 이런 모습이 권위주의적인 모습이다. 신분과 지위에 따라 사회가 조직되어 있고, 사람들 사이에 서열과 지위를 당연하게 여기는 심리가 높은 사회를 권위주의 사회라고 하는데, 한국 사회는 권위주의적인 속성이 크고 한국인들 또한 권위주의적으로 행동하는 편이다.

권위주의적 성격에서 가장 부정적인 측면이 바로 갑질이다. 갑질은 최근 한국 사회에서 떠오르고 있는 대표적인 병폐다. 갑이 을에게 부당한 행동을 하고 을의 권리를 무시하는 것을 갑질이라 하며, 갑은 을보다 우월한 지위와 권위를 보장받고 그 지위와 권위를 근거로 을의 복종을 요구한다. "너는 내가 하라는 대로 해야 하고 아무것도 거부해서는 안 돼." 이런 태도가 갑질의 바탕이다.

최근 학부모가 선생님에게 갑질을 한다는 뉴스가 종종 나오는데, 학부모와 선생님의 관계는 갑을 관계가 아니다. 학부모는 선생님에게 돈을 주지 않고 고용주도 아니다. 그런데 왜 갑질이라는 단어가 나오는지 알 수 없지만, 어떤 생각의 과정을 거치든 갑질을 하는 학부모에게는 '내가 선생보다 위에 있다'라는 생각이 분명히 깔려 있다. 지위가 됐든 재산이 됐든 권위가 됐든 '내가 선생보다 위에 있기 때문에 선생은 내가 하라는 대로 해야 한다'라는 생각이 행동으로 나오는 것이다.

갑질을 학술적으로 살펴보기 위해서 갈등 해결 전략에 대해 비교한 문화 연구를 살펴보자. 갈등 해결 전략은 관심의 소재에 따라 상대방의 요구도 자신의 요구도 충족시키지 못하는 회피(avoiding), 자신의 요구를 강요하는 지배(dominating), 상대방의 요구에 따르는 양보(obliging), 서로 만족할 수 있는 차선책을 찾는 타협(compromising), 상대방의 요구는 충족하고 자신의 요구도 극대화하는 통합(integrating)이라는 다섯 개의 해결 전략이 있다. 이 전략은 문화권에 따라 다른 양상을 보일 것이라고 예측한다. 연구자는 서구 개인주의 문화권에서는 사람들 간에 갈등이 발생했을 때 그 갈등 자체를 회피하거나 내 의견을 관철하는 지배로 나타날 것이고, 한중일 같은 집단주의 문화권에서는 다른 사람에게 양보하거나 "우리 같이 잘 살아봅시다"라는 통합이 나올 것이라 예측했다.

그런데 한국과 미국, 일본을 비교해 연구한 결과를 보면, 한국이 미국보다 지배가 더 많이 나왔고 양보도 미국보다 더 우세했다. 양보는 많이 나올 수 있지만 지배가 더 많이 나왔다는 것이 무척 인상적이다. 지배와 양보라는 갈등 해결 전략은 이기거나 굴복하는 양극화된 갈등 해결 방식이다. 그리고 이 반응은 상대에 따라 달라진다. 상대가 나보다 높은 사람이면 양보하고, 상대가 나보다 아래라는 생각이 들면 내 것을 관철하려고 한다. 권위주의적인 해결 방식이 이런 식의 행동 방식으로 나타난 것으로 보인다.

일본은 양보와 회피가 높았다. 일본에서 양보한다는 말은 그 문제에서 피하겠다는 것에 가깝고 한국은 양보와 지배이기에 져주는 것에 가깝다. 상대방의 지배를 받아들인다는 의미로 해석할 수 있다. 양보와 타협, 타협과 지배의 관계도 일본은 타협하면 지는 것이라 생각하고, 우리는 타협과 양보에서 양보하면 진다고 받아들이는 경향이 있다. 그렇기 때문에 상대방과의 비교를 통해 권위주의적인 부분이 인지되면 그만큼 마음이 불편해진다.

한국 사회에 만연한 인지적 오류

2016년 한국보건사회연구원 보고서에 따르면, 한국인의 90.9퍼센트가 인지적 오류를 가지고 있다고 한다. 인지적 오류에는 근거가 없거나 사실과 다름에도 그 사실이 맞다고 생각하는 임의적 추론, 자신의 생각이나 감정을 정당화하기 위한 정보만으로 판단하는 선택적 추상화, 자신과 상관없는 일인데도 '이거 나한테 한 이야기인가?'라며 받아들이는 개인화, 세상의 모든 일을 참과 거짓, 선과 악, 좋은 것과 나쁜 것 등으로 파악하려는 이분법적 사고, 여러 가능성이 있는 상황에서 가장 나쁜 쪽으로만 생각하는 파국화가 있다. 이런 경향이 한국인의 90.9퍼센트에게서 나타난다는 것이다. 이는 마음 경험의 주관적 해석이라는 측면이 반영된 내용이라고 짐작된다.

'세상에 ○○하는 사람이 한 명이라도 있다면 난 행복할 수 없어.' 이런 생각을 하는 사람들이 있다. '세상에 남녀 차별을 하는 사람이 하나라도 있으면 이건 나라도 아니야.' 굉장히 파국적인 생각이다. '쉰 살이 넘었는데도 가난하다면 자기 책임이지.' 과연 근거가 있는 생각일까? 자신이 봤을 때 그렇다는 임의적 추론일 뿐이다.

'서울에서 살아야 성공한 인생이지.' 지방에 살면 실패한 인생일까? 이는 이분법적 사고다. '현실은 최악이고 앞으로 더 나빠질 뿐이야.' 이는 선택적 추상화와 파국화에 해당하는 인지적 오류다. '내가 부자가 될 수 없는 건 ○○때문이야.' 감정을 정당화하기 위해 남을 탓하는 경우로 조건 때문에 할 수 있는 일이 없다는 부정적인 생각이다. '주변 사람들이 나한테 눈치를 주기 때문에 내가 할 수 있는 일이 없어.' 그렇지 않다. 할 수 있는 일이 있는데도 이분법적이고 파국적인 생각에 빠져 있는 것뿐이다.

이러한 인지적 오류는 주관적이고 자의적인 한국인들의 마음 습관에서 비롯된다. 습관이란 자동적인 것이다. 자신의 경험을 해석할 때 작용하는 마음 습관으로 늘 부정적인 결과에 도달하게 된다면 이제는 자신의 인지적 오류를 인지하고 돌아봐야 할 때다.

지금까지 한국 사람들이 가지고 있는 부정적인 마음 습관을 알아보았다. 부정적인 마음 습관을 모두 가진 사람은 별로 없겠지만 한두 가지 측면을 경험하면서 자신이 불행하다고 생각하는 사람들은 꽤 있을 것이다. 하지만 내 생각이 과연 사실일까? 내 판단이 타당할까? 내 의견이 정당할까? 모두 객관적인 판단을 해볼 필요가 있다.

과연 모두가 지켜야 하는 표준이 있을까? 모두가 지켜야 할 표준 같은 건 없다. 그런데 모두가 지켜야 할 표준이 있다고 생각하고 내가 거기에 미치지 못한다고 생각하면서 불행해지는데, 그런 생각으로 불행할 이유는 없다. 연봉 몇천을 못 받으면 실패한 인생인가? 강남에 내 집이 없으면 불행한 삶인가? 나에게는 어떤 부정적인 마음 습관이 있는지 생각해 보고 내가 겪고 있는 현실을, 내가 살아가는 세상을 판단해 보는 새로운 관점을 마련하면 좋겠다.

당사자적(주관적) 속성

어떤 경험을 하는 당사자에게는 심리 경험이 굉장히 생생하게 진행 중이며 이것이 진실이라고 느끼는 것이다. 그 자신이 어떤 행위의 당사자로 파악하는 현실이기에 주관적이기도 하다. 한국인들이 흔히 느끼는 감정이다.

요소적 마음

사람의 바탕이 되는 것으로 성격이나 태도, 정서, 동기, 욕구 등 한 사람에게 이미 들어 있는 요소다. 서구의 현대 심리학에서 발달한 주제이기도 하다.

주인성 마음

어떤 행위에 있어서 주재자로서의 마음을 뜻한다. 서구 심리학에서는 개인마다 너무나 다른 부분이라고 생각하지만 한국인이 가진 심리적 핵심이다. '마음먹기에 달렸다' '마음을 다스린다' '마음을 쓰다' 등 언어로도 자주 표현되는 부분이다.

화병

영어사전에도 'hwa-byung'이라고 등재되어 있을 만큼 한국인들에게 자주 보이며 자주 언급되는 정신 증후군으로 다양한 신체 증상까지 동반한다. 자신이 경험한 억울함과 분노, 화 등을 제대로 표현하지 못했을 때 생기는 병으로 본다.

꽌시(关系)

관계를 뜻하는 말이지만 중국만의 독특한 문화가 담겨 있다. 중국에서는 특별히 중요하다고 생각하는 사람과의 관계를 꽌시라고 한다. 꽌시에서는 상당히 많은 것이 허용되고 꽌시의 부탁이면 헌신적으로 도와야 하고 무리하더라도 해결해 주어야 한다.

벼락거지

부동산이 하늘 높은 줄 모르고 오르던 시기에 집을 산 사람은 집값이 오르는 것만큼 부자가 되었지만 집을 사지 못한 사람은 집값으로 부자가 되지 못했다며 오히려 벼락거지라고 이름을 붙이기도 했다. 자신의 자산에는 변화가 없음에도 남들은 부자가 되었는데 자신은 그들이 부자가 된 만큼 거지가 되었다고 느끼는 상대적 박탈감을 담고 있는 신조어다.

권위주의

문화심리학에서는 서열주의라고도 설명하는데, 누군가를 만났을 때 어떻게든 서열을 정하고 상대방과 나 사이의 우위를 판단해 그에 따라 행동하고자 하는 것이다. 나보다 낫다고 생각하는 사람에게는 고개를 숙이고, 나보다 못하다고 생각하는 사람에게는 우월감을 드러내려는 속성으로 한국인들에게 흔하게 나타난다고 평가된다.

인지적 오류

2016년 한국보건사회연구원의 보고서에 따르면, 한국인의 90.9퍼센트가 인지적 오류를 가지고 있다고 한다. 인지적 오류는 근거가 없거나 사실과 다름에도 그 사실이 맞다고 생각하는 임의적 추론, 자신의 생각이나 감정을 정당화하기 위한 정보만으로 판단하는 선택적 추상화, 자신과 상관없는 일도 자신의 일로 받아들이는 개인화, 세상의 모든 일을 참과 거짓 두 가지로 파악하려는 이분법적 사고 등을 말한다. 현실을 바르게 판단하지 못하고 자신의 마음속에 있는 인지적 오류를 통해 부정적으로 받아들이는 것이다.

PART 4

나답게 산다는 것과
나로서 산다는 것

우리에게 자기실현이
필요한 이유

나는 부자가 되기 위해 이런저런 노력을 했지만 부자가 되지 못했다. 이런 결과라면 냉정하게 말해서 앞으로도 부자가 되지 못할 가능성이 크다. 용기를 꺾기 위해서 하는 말이 아니다. 막연하게 부자가 되고 싶다고 생각하지만 부자가 되기 위한 직업을 선택한 것도 아니고, 부자가 되기 위해 투자나 저축을 열심히 한 것도 아니고. 부자가 되기 위해 재테크를 한 것도 아니다. 그런데 어떻게 부자가 될 수 있을까? 아니면 내가 살아온 과정에 얼마나 운이 따랐는가를 생각해 보자. 어느 정도 부를 가진 집에서 태어난 것도 포함되고 복권이나 행운의 빈도도 생각해 보면서 나는 부자가 될 수 있는가를 파악해야 한다.

현실을 인식하고
자신을 객관화하기

과연 세상은 점점 나빠지기만 할까?

그렇다면 우리는 물질적 조건만 충족되면 잘 살 수 있을까? 누구나 물질적 조건만 충족되면 행복하게 잘 살 수 있으리라 생각한다. 그럼 물질적 조건은 어느 정도까지 충족되어야 할까? 이 기준은 사람마다 다를 것이다. 모든 사람이 보편적으로 생각하는 기준은 없다.

흙수저, 헬조선 등 자조적인 단어가 유행하면서

흔히들 "한국은 희망이 없다"라고 말하는데 과연 한국은 희망이 없는 나라일까? 한국이 이 정도로 희망이 없는 나라라면 한국의 경제나 정치, 문화 수준에 미치지 못하는 수많은 나라는 어떻게 살고 있을까? "그 사람들은 어떻게 살든 알 바 아니고 하여튼 우리는 망했어!" 이런 식의 인지 방식은 옆에 있는 사람도 피곤하게 만든다.

우리 사회가 이렇게 부정적인 요소로 가득 차게 된 이유는 무엇일까? 특정 개인이나 특정 집단이 우리 사회를 이렇게 만들 수는 없다. 여러 가지 요인이 섞여 있으며 세계적인 흐름과 빠르게 변화하는 시대가 만든 현실이기 때문에 누구 탓을 하는 것이 답이 될 수는 없다. 세상은 점점 나빠지기만 하는가? 이 질문에 대부분의 사람은 세상이 점점 나빠진다고 대답할 것이다.

하지만 세계적인 통계학 석학 한스 로슬링(Hans Rosling)이 참여한《팩트풀니스(Factfulness)》에서는 세상이 점점 나빠진다고 볼 수 없는 실질적인 지표들을 제시한다. 세계 빈곤율은 줄고 있고 학교 진학률은 늘고 있고 보건 의료 환경은 개선되고 있다. 한국도 OECD 국가 중 자살률이 1위지만 그 안타까운 수치도 조금씩 줄고 있다. 이는 세상이 점점 나빠지기만 하는 것이 아니라는 증거이기도 하다.

각 시대에는 어떤 추세가 있고 흐름이 있으며 또 그 추세와 흐름에는 반전이 있다. 그런데도 사람들이 눈치 주는 대로, 사람들이 만든 기준대로 살아야 할까? 사람들이 만든 기준에 도달하지 못하면 눈치를 주고, '거지'라고 억지로 이름을 붙이고, 동등한 사람으로 취급하지 않는다. 하지만 그들이 동등하게 취급하지 않는다고 해서 내가 사람이 아닌 건 아니다. 편협하게 생각하는 사람들은 마음대로 생각하도록 두면 된다. 그들이 아무리 무시하고 욕한다고 해도 내 가치가 떨어지는 것은 아니다. 맹목적인 부자 신드롬에서 벗어나기 위해서는 누군가의 편협한 흐름에, 사회의 일방적인 흐름에 휩쓸리지 않을 필요가 있다.

하지만 무엇보다 객관적으로 계산해야 하는 부분은 현실적으로 자신이 부자가 될 수 있는가다. 막연하게 "나는 부자가 될 거야!"라는 생각만으로 수십 년을 살 수는 없다. 현실적으로 부자가 되는 방법을 알면 그 방법대로 하면 된다. 열심히 노력해서 부자가 되는 길을 가면 된다. 지금의 현실에서 내가 부자가 될 방법이 있는가? 한국에서는 안 되지만 다른 나라에는 있을까? 그렇다면 그곳으로 가면 된다. 아무런 답도 없이 막연하게 나는 여기서 부자가 될 수 없다는 불행한 마음만 되새길 필요는 없다.

"나는 부자가 될 수 있는가?"는 진정한 자기 객관화가 필요한 질문이다. 나는 지금까지 어떤 조건과 환경에서 살아왔는가? 어떤 운과 성공을 경험했는가? 어떤 능력을 가지고 있는가? 어떤 노력을 해왔는가? 스스로에 대한 질문에 너무 비하하지도 않으면서, 너무 과장해서 판단하지도 않으면서 정확한 기준과 수준을 볼 수 있어야 한다.

나는 부자가 되기 위해 이런저런 노력을 했지만 부자가 되지 못했다. 이런 결과라면 냉정하게 말해서 앞으로도 부자가 되지 못할 가능성이 크다. 용기를 꺾기 위해서 하는 말이 아니다. 막연하게 부자가 되고 싶다고 생각하지만 부자가 되기 위한 직업을 선택한 것도 아니고, 부자가 되기 위해 투자나 저축을 열심히 한 것도 아니고, 부자가 되기 위해 재테크를 한 것도 아니다. 그런데 어떻게 부자가 될 수 있을까? 아니면 내가 살아온 과정에 얼마나 운이 따랐는가를 생각해 보자. 어느 정도 부를 가진 집에서 태어난 것도 포함되고 복권이나 행운의 빈도도 생각해 보면서 나는 부자가 될 수 있는가를 파악해야 한다.

그 결과, 부자가 될 수 있는 사람이라면 노력하면 된다. 하지만 그전에 부자가 되어야 하는 이유를 생각해 볼 필요가 있다. 나는 왜 부자가 되어야 하나? 충분한 돈이 있으면 하고 싶은 일을 마음대로 할 수 있기 때문이다. 그렇다면 그 기준은 어느 정도인가? 뉴스에 나온 것처럼 43억 원이나 필요할까? 그 정도 돈을 가지고 있어야 부자이기 때문에 그 돈을 가지기 전까지는 불행하겠다고 생각하면 절대 안 된다.

부자가 되는 것이 내 삶의 이유인가? 부자가 되지 못하면 내가 아닌가? 절대 나답게 살 수 없나? 그렇다면 나답게 산다는 건 무엇인가? 여기까지 질문이 나아가야한다. 그래야 지금의 현실에서 나답게 산다는 것이 무엇인지 파악할 수 있고 그 방향으로 나아갈 수 있다.

나답게 산다는 것을 좀 더 살펴보자. 흔한 말일 수있지만 내가 어떻게 살아야 할지 결정하는 것은 나다. 그 누구도 누군가가 어떤 말을 한다고 해서 '저 선생님이 저렇게 말했으니까 나도 저렇게 살아야지'라고 생각하지 않는다. 본인의 삶을 생각해 보고, 스스로 삶의 이유와 삶의 목적을 고민해 보고 그 목적에 따라 방향을선택해야 한다.

"나답게 산다", "나는 나로 산다"라는 말이 굉장히흔하다. 나다운 게 뭘까? 나다운 것은 누구나 고민해 봐야 할 문제다. 내가 진짜로 원하는 게 뭘까? 내 뜻대로살 수는 없는 걸까? 왜 남의 뜻대로 살까? 누구나 공감하는 질문이라 광고에서 카피로 종종 사용되기도 한다. "너다운 삶을 살아라." 그런데 그 말을 듣고 무작정 좋아보이는 남을 따라 사는 건 또 나답게 사는 것이 아니다.

프랑스 철학자 피에르 부르디외(Pierre Bourdieu)는 아비투스(habitus)라는 개념을 제시했다. 아비투스는 교육을 통해 상속되는 무의식적인 가치 체계로 사람들이 의식적으로 파악하기가 어렵다. 내가 살아온 환경에서 우리 부모님, 우리 할아버지, 조상 대대로 전해져 오는 어떤 무의식 같은 것이다. 이 아비투스를 바탕으로 이렇게 사는 게 맞다, 이것이 내 삶의 목적이다 등 내가 이 사회에서 살아가기 위한 욕망이 발생한다.

프랑스 철학자 자크 라캉(Jacques Lacan)은 "우리는 타인의 욕망을 욕망한다"라고 말했다. 내가 뭔가를 원하는 것은 사실 내가 그것을 원하는 것이 아니라 다른 사람이 그것을 원하는 것처럼 보이기 때문에 그것을 성취하는 게 멋있어 보이니 욕망하는 것이라는 말이다.

.

혼란한 세상에서 진짜 나 자신을 찾기 ⎯⎯⎯⎯

미국의 코미디 애니메이션 〈네모바지 스폰지밥(Sponge-bob Squarepants)〉에는 징징이라는 캐릭터가 등장한다. 징징이의 꿈은 우아한 삶을 사는 것이다. 아름다운 정원을 만들거나 집을 꾸미는 프로그램을 보면서 내가 가지지 못한 것을 바라고 그 모습대로 살고 싶어 하는 오징어 친구다. 그런데 이 오징어 친구의 현실 인식은 굉장히 불행하다. 징징이는 매일이 우울하다. 마치 우리의 모습을 비추는 듯하지 않은가?

순간순간 내가 가지고 있는 나에 대한 생각이 진짜 나인가, 정말 나에게서 나온 나의 모습인가를 생각해볼 필요가 있다. 생각하다 보면 그것이 틀렸다는 사실을 깨닫는 순간이 온다. 우리의 욕망은 사회가 우리에게 가져야 한다고 주지시키고 입력시킨 것이다. 사회에서는 이런 식으로, 저런 식으로 사는 게 맞다는 메시지를 계속 보내고 그런 의식을 바탕으로 사회가 이루어져 왔다.

이 사실을 보여주는 상징적인 영화가 두 편 있다. 1999년 개봉한 영화 〈매트릭스(The Matrix)〉와 1998년 개봉한 영화 〈트루먼 쇼(The Truman Show)〉다. 〈매트릭스〉1편에서 인간을 지배하는 기계와 맞서 싸우는 반란군의 리더 모피어스는 세계의 구원자 네오에게 "네가 사는 현실은 이곳이 아니고 진짜 현실은 따로 있다"라는 진실을 알려주면서 빨간 알약과 파란 알약을 건넨다.

"빨간 알약을 먹고 진짜 세상에서 살래, 파란 알약을 먹고 가짜 세상에서 살래?"

이런 질문을 받으면 사람들 대부분은 진짜 세상에서 살겠다고 대답한다. 네오 역시 마찬가지였다. 네오는 빨간 알약을 먹고 세상의 진실을 알게 된다.

〈트루먼 쇼〉는 세계 최대 TV쇼다. 주인공 트루먼은 완벽하게 가상으로 이루어진 세계에서 태어나 자라고 살아간다. 좋은 부모님 아래에서 행복만 가득했던 어린 시절을 지나 좋은 친구와 여자 친구를 만나서 결혼하고 행복한 삶을 사는 것처럼 보이지만 트루먼의 모든 삶은 연출된 모습일 뿐이다. 이 사실을 알게 된 트루먼은 결국 누군가가 만든 공간에서 나가겠다는 선택을 한다.

네오와 트루먼은 자신이 사는 세상이 진짜가 아니며 남들이 원하는 세상이라는 것을 깨닫는다. 우리도 마찬가지다. 어떤 나로서 살아갈 것인가를 정해야 하는 선택의 순간은 누구에게나 있다. 그리고 이 진실을 깨닫는 순간도 있고 깨닫지 않을 권리도 있다. 가짜 세상에서 계속 살아가기 위해 파란 일약을 먹는 선택, 그리고 시헤이븐(seahaven) 같은 가짜 천국에서 계속 살아갈 선택을 하는 것도 본인이다. 어떤 나로서 살아갈 것인가를 고민한다면 어떤 삶을 어떻게 살 것인가를 먼저 생각해야 한다.

많은 사람의 삶의 목적은 행복이다. 행복한 삶을 살았으면 좋겠다, 우리 가족이 행복했으면 좋겠다, 나와 주변 사람이 행복하길 원한다. 〈네모바지 스폰지밥〉의 주인공 스폰지밥과 친구 뚱이는 굉장히 행복한 친구들이다. 그들과 같은 삶을 원하는가? 행복의 정의를 생각해 보자. 학술적으로는 긍정적인 정서를 자주 경험하고 긍정적인 기분을 느끼는 것이 행복이다. 스폰지밥은 행복한 경험을 많이 한다. 그렇다면 스폰지밥과 뚱이의 행복이 진정한 행복일까? "월요일 좋아"라는 노래를 부르고 매일 웃으며 해파리를 잡으러 나가는 스폰지밥과 뚱이의 행복에는 중요한 것이 빠져 있다. 바로 '나'다.

내 삶을 오롯이 사는 것에는 긍정적인 정서도, 돈도 상관이 없다. 내 삶을 사는 것의 시작은 나를 발견하는 것이다. 내가 존재하는 이유, 내가 사는 이유를 찾고 그 이유대로 살아가는 것이 내 삶을 사는 것이고 나로서 사는 것이다. 그리고 자신의 선택에 책임을 지는 것이 내 삶이다.

철학자들은 이를 실존주의라고 부른다. 단순하게 존재하는 게 아니라 존재 본연의 모습으로 살아가는 것, 이것이 실존이다. 실존은 쉽게 이해할 수 있을 것 같지만, 결코 쉬운 개념이 아니다. 일단 자신이 누구인지를 고찰해야 하는데 진정한 자신을 발견하는 과정부터 쉽지 않다. 내가 나라고 생각하는 것은 껍데기일 가능성이 크다. 또는 〈매트릭스〉에서 코딩으로 짜인 나의 모습이 나일 수도 있다. 융의 분석심리학에서는 진짜 나를 젤프스트(the selbst)라고 하는데 진짜 나는 외부 세계와 관계를 맺는 겉모습인 페르소나(persona)도 아니고 살면서 나라고 느끼는 순간순간의 자아도 아니다.

진정한 나를 찾기 위해서는 여러 가지 노력이 필요하다. 심리학자 칼 융(Carl Jung)의 개념을 보면 보통 내가 인식하는 나는 가면과 관계있다. 내가 다른 사람을 대할 때 얼굴에 쓰는 것이 가면이나. 사회적 역할인 직업 같은 것도 일종의 가면이다. 교수로 일하면서 강연하는 모습은 100퍼센트 진짜 내 모습이 아니다. 진짜 나는 아니지만, 이 모습이 나라고 생각하고 살면 진정한 자신을 발견하기는 더 어려워진다.

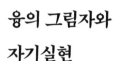

융의 그림자와
자기실현

우리에게 필요한 자기실현의 모습 ──────

칼 융은 인간의 내면에는 자아가 부정하는 또 다른 부분인 그림자가 있다고 말했다. 빛이 비칠 때 드러나지 않는 부분이 그림자가 된다. 우선 어떤 부분이 빛을 받을까? 사회적으로 바람직한 부분, "이 사람은 참 괜찮아. 예의 바르고 친절하고 좋아"라는 부분이나 내가 다른 사람에게 보여주고 싶은 부분이 빛을 받는다. 이것이 가면, 페르소나다. 하지만 빛을 많이 받을수록 내면에서 빛을 받지 못하는 그림자는 점점 커진다. 하지만 이 그림자도 자신이다. 그림자를 분리한 채 빛을 받는 부분만 자신이라고 생각하면 진정한 나에게 다가갈 수 없다. 그림자를 직면하고 받아들여서 그림자를 포함한 자신을 진정한 자신으로 깨닫는다는 것이 융의 자기실현 개념의 핵심이다.

자존감은 다음의 문제다. 자존감은 내가 누군지 알고, 어떻게 살아갈지 결정한 다음, 나를 구축하는 과정에서 생기는 것이다. 그런데 현대사회에서는 자존감에 대해 너무 쉽게 말한다. 자기 계발서에서도 자존감을 키워야 한다고 말하고, 육아를 할 때도 자존감을 높여주라고 말하고, 방송 프로그램에서도 자존감에 대해 말한다. 하지만 누구나 쉽게 말하는 자존감에는 옳지 않은 것도 많다. 진정한 나를 발견하기도 전에 자존감부터 세우는 것은 표면적이고 성숙하지 않은 자신의 모습에 집중하게 될 가능성이 크다. 다른 사람 앞에서 잘난 척하고 다른 사람을 무시하고 나만 잘되면 행복하다고 생각하는 자아 개념을 가지기 쉽다. 가짜 자존감에 속지 말고 우선 진짜 자신을 찾고 자신은 과연 어떤 사람인지 생각해 보는 것이 우선이다.

진짜 나에게 다가가는 삶을 사는 것이 자기실현이다. 융은 자기실현을 개성화(individuation)라고 표현했다. 내가 인식하는 나는 페르소나라든가, 지금까지 살아온 어떤 버릇 같은 자아에 가까운 개념일 수 있다. 이것은 진정한 내가 아니기 때문에 그림자와 나 또는 이전까지의 내 모습에서 벗어나 다시 나를 찾아가는 과정을 거쳐 나답게 사는 삶을 살아야 한다는 것이다.

우리는 종종 자기실현이라고 하면 자기 계발과 비슷한 의미인가 헷갈릴 때가 있다. 자기실현은 자기 계발과는 거리가 멀다. 자기 계발은 향상 동기를 자극해 더 좋은 사람이 되고, 잠재력을 계발해 돈을 더 벌 수 있도록 하는 것이다. 어떤 능력을 키우거나 잠재력을 계발한다는 것은 자기실현과는 관계가 없다. 그래서 자기실현을 한다고 해서 더 잘 살거나 부자가 되거나 더 행복해지는 건 아니다. 자기실현을 한다고 해서 더 능력이 좋아지는 것도 아니다. 그저 진정한 자신에게 다가가는 것이다. 그러나 삶의 목표를 설정하기 어려울 때는 잠재력을 꺼내는 것도 자기 발견일 수 있다.

영화 〈매트릭스〉의 등장인물 중에 사이퍼라는 저항군이 한 명 있다. 저항군은 기계가 지배하는 세상을 무너뜨리기 위해 기계에 대항해 저항 운동을 펼치는데, 사이퍼는 가짜 세상에서 잘 먹고 잘 살겠다고 시스템 요원에게 동료를 판다. 사이퍼는 스테이크를 먹으면 매트릭스가 그 맛을 뇌에 전달해 주지만 그게 가짜라는 걸 안다. 하지만 남루한 현실로 돌아가고 싶지 않아 "모르는 게 약이다(Ignorance is bliss)"라며 현실에서 눈을 돌린다. 그 남루한 모습이 진짜 내 모습이지만 고통스럽고 끝이 보이지 않기 때문에 가짜 세상에서 사는 것을 선택한 것이다.

반면 〈트루먼 쇼〉의 마지막 장면에서 트루먼은 세상의 전부라고 믿었던 시헤이븐 밖으로 나간다. 트루먼이 그 이후에 어떻게 살았는지는 알 수 없지만 일말의 희망을 보여주면서 영화는 마무리된다. 평생을 가짜 세상인 시헤이븐에서 자기에게 맞춰서 연기해 주는 사람과 살았던 트루먼이 진짜 세상에서 행복과 성공을 누리며 살 수 있을까? 당연히 쉽지 않을 것이다. 첫사랑을 찾아간다고 해도 새롭게 진실을 나누고 사랑을 깨달아야 하고 사랑하는 사람과 함께 산다고 해서 갈등이 없는 건 아닐 것이다. 갈등과 어려움, 분노와 좌절 등을 해결해 가면서 진짜 삶을 살아야 할 테니 트루먼도 어느 순간에는 후회할 수도 있다. '괜히 나왔나? 돌아갈걸. 어떻게 하면 돌아갈 수 있지?' 현실을 사는 건 쉽지 않다. 자기실현이라는 것이, 나답게 산다는 것이 늘 행복한 것은 아니다.

나답게 사는 것을 고민하기

실존의 고통을 묘사해 주는 영화로 1995년에 개봉한 〈쇼생크 탈출(The Shawshank Redemption)〉과 2001년에 개봉한 〈캐스트 어웨이(Cast Away)〉를 추천한다. 나답게 살기 위해서는 어느 순간 이렇게 살지 않겠다는 깨달음의 시점이 있어야 한다. "이곳은 매트릭스다." "이곳은

세트다." "이곳은 감옥이다." "이곳은 무인도다." 자신이
어디에 있는지를 깨닫고 그곳에서 벗어나기 위해 노력
하는 게 나다운 삶이다. 조금 다른 이야기지만, 만약 그
곳이 감옥이고 무인도라는 사실을 알고도 자신이 거기
서 살기로 결정했다면 이것은 자신다운 삶, 자기실현이
라 말할 수 있다.

억울한 누명을 쓰고 악명 높은 교도소 쇼생크에
수감된 앤디는 탈출을 위해 19년 동안 감옥 벽을 팠다.
그다음에는 더럽고 냄새나는 하수구를 기어가야 했다.
그런 힘듦을 견디고 탈출하는 것이 앤디가 선택한 자신
답게 사는 방법이었다.

페덱스 직원으로 바쁘게 살았던 척 놀랜드는 크리
스마스이브에도 일 때문에 비행기를 탔다가 사고가 나
무인도에 떨어진다. 최악의 상황이지만 척 놀랜드는 배
구공 친구 윌슨도 만들고 나름대로 무인도 생활에 적응
하며 4년 동안 행복하게 지냈다. 그러나 여자 친구가 보
고 싶었고 무엇보다 무인도에서 평생 산다는 것을 상상
할 수 없었다. 그래서 뗏목을 만들어서 무인도를 탈출하

겠다고 결심했다. 얼기설기 얽어맨 뗏목으로 망망대해를 항해한다는 건 쉬운 일이 아니다. 그러나 무인도에 남아 있을 수는 없다. 끝이 보이지 않는 먼 바다를 부실한 뗏목 하나에 몸을 맡기고 나아가겠다는 다짐, 그 정도의 각오와 용기 없이는 나답게 살기를 결정했어도 이루어내기 쉽지 않다.

이 두 영화가 현실이었다면 앤디가 하수구를 반 정도 기어가다가 너무 힘들어서 감옥으로 되돌아갈 수도 있을 테고, 척도 열심히 노를 젓다가 끝이 보이지 않는 막막한 바다를 버티지 못하고 다시 섬으로 돌아갈 수도 있었을 것이다. 그런 선택도 개인의 선택이라면 인정해야 한다. 나답게 산다는 것은 그 길로 가야 하기 때문에 가는 것이지 과정이 즐겁고 행복해서 가는 것이 아니다. 하지만 고통스럽고 힘들다고 해서 가지 않을 수 있는 것도 아니다. 힘드니까 가지 말라고 아무리 말해도 가야 하는 사람은 가고, 가지 않는 사람은 가지 않는다.

나답게 사는 것의 시작은 자기수용이다. 자기수용은 나를 받아들인다는 것으로, 좀 더 쉽게 이해하기 위해 2023년에 방영된 두 편의 드라마 〈마당 있는 집〉과 〈악귀〉를 살펴보자. 〈마당 있는 집〉에는 남편에게 조종당하며 자신을 잃고 불행한 삶을 사는 주란과 상은이라는 두 여자가 등장한다. 두 여자는 자신들의 상황에서 벗어나기 위해 남편을 죽이지만 그렇다고 해도 이들의 삶이 바로 자기 것이 되지는 않는다. 해답은 주란의 옆집에 살았던 해수의 말에 있었다. 두 여자와 비슷한 삶을 살았던 해수는 사고로 남편이 죽은 다음에도 그 집에서 나올 수 없었다. 스스로의 삶을 살 용기가 없었기 때문이다. 내 삶을 옥죄고 있는 조건이 사라진다고 해도 삶이 갑자기 행복으로 가득 차는 건 아니다. 주란과 상은이 자신의 삶을 찾은 것은 이제까지의 자신을 수용하고 스스로 '나 자체로' 살기를 선택한 뒤였다.

드라마 〈악귀〉에서 악귀가 사람들을 괴롭히는 방식은 사람들 내면의 어둠을 잠식하는 것이다. 주인공 산영은 자신을 옭아매고 있었던 것, 고통스러운 삶에서 벗어나지 못하게 하고 있었던 건 결국 자신이었다는 사실을 깨달았고, 그 순간 악귀가 창조한 세상에서 벗어나

악귀를 없앨 수 있었다.

　드라마에서는 상징적으로 표현되었지만, 자기수용은 내가 나를 인정하는 것이다. 나는 어떤 식으로 살 수 있는 사람이다, 그러니 그런 삶을 살아야겠다, 그다음에 나로서의 삶이 시작된다. 어떤 사람은 자기수용을 "나는 이 정도 수준이니 포기할 건 포기해라"라고 이해하는 데 그것은 아니다. 자기수용은 영점을 잡는 것이다. 베이스라인, 출발점을 잡는 것으로 그 자리에서 안주하고 포기하는 것이 아니다. "나는 이런 사람이니까 이 선부터 출발하겠다"라고 이해해야 한다. 수용은 인정도 포기도 아니다.

삶의 목적에 따라
삶은 달라진다

삶의 의미가 삶을 좌우한다

어떻게 살 것인가에 대한 구체적인 방법론은 여러 가지가 있겠지만 정신과 의사 빅터 프랭클(Viktor Frankl)의 의미 치료(logotherapy)를 우선 제안하고 싶다. 의미 치료는 마음이 힘들고 우울하고 불안한 사람들에게 삶의 의미를 찾아주는 치료다. 빅터 프랭클은 제2차 세계대전 때 아우슈비츠에 수용되었고 그 경험을 통해 사람에게 진정 중요한 것은 살아갈 이유, 즉 삶의 의미라는 사실을 깨달았다.

　　유대인 강제 수용소인 아우슈비츠는 히틀러와 나치가 유대인을 죽이기 위해 만든 곳이다. 제2차 세계대전에서 아무 이유 없이 수백만의 유대인이 끌려와서 가스실에서 학살당하고 강제 노동을 하다가 쇠약해져서 사망하고 말았다. 이런 무서운 곳에서도 빅터 프랭클은 삶의 의미를 찾은 것이다. 빅터 프랭클은 희망을 버리지 않고 살아갈 이유를 찾는 사람은 쉽게 죽지 않고 살아남는 반면, 아무리 몸이 건강하고 유명하고 잘나고 돈이 많았던 사람이라도 희망을 잃어버리는 순간 생명에 대한 끈도 놓아버린다고 말했다.

　　이전까지 심리학의 주류였던 행동주의 심리학은 인간은 자극에 반응하는 존재라는 관점을 가졌다. 그런데 모든 사람이 똑같은 자극에 똑같이 반응하지는 않는다는 것이 빅터 프랭클의 발견이었다. 자극과 반응 사이에 무언가가 있다. 어떤 사람은 이렇게 반응하지만 어떤 사람은 저렇게 반응한다. 똑같은 자극이지만 이곳에서 살아갈 의미를 발견하지 못했기 때문에 버티지 못하는 사람이 있고, 배고프고 힘들지만 이곳에서 나가서 해야 할 일이 있으니 살아남겠다고 선택한 사람이 있다. 이러한 선택이 의미 치료의 출발점이 된다.

삶의 의미는 내 삶을 이해하고 내 삶을 내 뜻대로 할 수 있다는 느낌을 준다. 의아하게도 1년에 수백 명이 셀카를 찍다가 죽는다고 한다. 많은 사람이 왜 저렇게 쓸데없이 사진에 목을 매다가 죽냐고 혀를 차지만 그들은 자신에게 의미 있는 일을 하던 것이다. 그 의미는 제삼자가 함부로 말할 수 있는 성질이 아니다.

어떤 사람은 보장된 부와 명예, 행복을 뒤로하고 험난한 길로 걸음을 내디딘다. 대표적으로 우리나라의 독립운동가들이 있다. 1932년 일본 제국주의의 수도이자 상징인 도쿄에서 일왕에게 폭탄을 던진 이봉창 의사는 거의 일본인에 가까웠다고 한다. 일본식으로 교육받고 일본어도 잘하고 발음도 자연스러워서 조선인과 일본인 모두 이봉창 의사를 일본 사람이라고 생각했을 정도였다. 그렇기에 일제 강점기에 일등 신민은 되지 못했지만 자연스럽게 일본인처럼은 살아갈 수 있었다. 그러나 이봉창 의사는 "인생의 목적이 쾌락이라 하면 30년 동안 육신의 쾌락은 대강 맛보았으니, 이제는 영원 쾌락을 도모키 위하여 우리 독립 사업에 헌신할 목적으로 상하이에 왔습니다"라며 백범 김구 선생과 함께 조국 독립에 한 몸을 헌신했다.

삶의 의미는 내가 선택한 길에서 시작된다. 그 의미에서 스스로 삶을 통제한다는 느낌을 받는다. 그리고 이 통제감에서 자존감이나 즐거움을 느낄 수 있기에 독립운동가들이 자신의 길을 갈 수 있지 않았을까.

삶의 목적이 삶을 나아가게 한다 ────

삶의 의미를 목적(purpose)이라는 말로 바꿔서 생각해 보자. 2009년 개봉한 영화 〈김씨 표류기〉는 흥행에서는 크게 성공하지는 못했지만 오랫동안 숨겨진 명작으로 인정받고 있다. 주인공 남자 김 씨는 자살을 기도했다가 실패하고 한강 밤섬에서 표류하게 된다. 남자 김 씨는 어차피 죽으려고 마음먹었기 때문에 밤섬에서의 삶을 굉장히 긍정적으로 받아들인다. 물고기도 잡아먹고 새도 잡아서 치킨도 해 먹고 골프도 치고 나름대로 즐기다가 갑자기 새로운 목표가 생기면서 고뇌에 휩싸인다. 바로 짜장면이 먹고 싶다는 목표다. 김 씨는 짜장면을 먹기 위해서 농사를 짓기로 한다. 새똥에서 씨를 모아서 씨앗을 심고 열심히 농사를 짓는다.

　　그리고 이 모습을 망원경으로 관찰하던 히키코모리 여자 김 씨가 있다. 여자 김 씨는 '저 사람이 짜장면이 너무 먹고 싶구나'라고 생각하고 밤섬으로 짜장면을 배달시켜 준다. 중국집 배달원이 밤섬까지 가서 짜장면을 배달해 주는데 남자 김 씨는 그 짜장면을 먹지 않는다. 왜냐하면 그 짜장면은 남자 김 씨가 먹고자 했던 삶의 목표이자 이유가 아니었기 때문이다. 남자 김 씨는 절실하게 짜장면이 먹고 싶었지만 스스로 얻겠다고 결심한다. 그리고 그 과정에서 의미와 행복을 느낀다. 여자 김 씨는 남자 김 씨의 행복을 생각하지 못한 것이다. 남자 김 씨는 결국 나답게 사는 것을 포기하지 않고 짜장면을 직접 만들어 먹는다. 우리가 살아가면서 어떤 식으로 삶의 목적을 설정하는지, 그 삶의 목적에 어떻게 다가갈 수 있는가를 재미있게 보여주는 영화다.

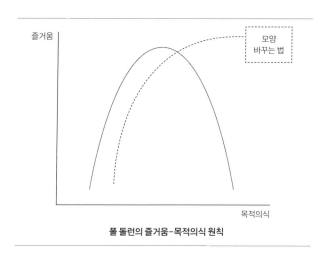

폴 돌런의 즐거움-목적의식 원칙

런던정치경제대학 사회정책 부문 행동과학 교수 폴 돌런(Paul Dolan)은 목적의식이 어느 정도 있어야 즐거움이 올라간다고 말했다. 무언가를 해야겠다는 목표가 있어야 재미와 즐거움이 생긴다. 그런데 목적의식이 너무 커져서 현실에서 달성하기가 불가능해지면 즐거움은 떨어진다. 오랜 시간 고시를 준비하거나 취업을 준비하는 사람은 즐거울 일이 별로 없는데, 이때 즐거움의 곡선을 바꾸는 방법이 있다. 이 즐거움을 계속 이어가려면 목적의식을 계속 업데이트하면 된다. 큰 목적은 작은 목적으로 잘게 쪼개고 하나의 목적을 달성한 다음에는 새로운 목적을 설정하면 즐거움이 약간 내려가더라도 다시 올라갈 수 있다. 중요한 것은 우리 삶에는 목적이 있어야 즐거움이 생긴다는 사실이다. 삶을 통제하는 통제감과 함께 목적을 찾는 것이 나다운 삶의 시작이다.

세계적인 컨설턴트 사이먼 시넥(Simon Sinek)은 한 강연에서 인간의 뇌는 부정의 개념을 이해하지 못한다고 말했다. 뇌는 "그것을 하지 마"라고 명령하면 오히려 이해하지 못한다. 예를 들어, 스키장에서 여러 장애물을 피하면서 내려와야 하는 스키 선수는 '저것도 피해야지 이것도 피해야지'라고 생각하지 않는다. 자기가 가야 할 길만 본다는 것이다. '저기에 걸리지 말아야지'라고 생각하는 순간, 주의가 흐트러지고 몰입이 깨지면서 오히려 장애물에 걸릴 수 있기 때문이다. 오히려 내가 가야 할 길만 보면 장애물은 아무것도 아니다.

그래서 사람은 목적이 있어야 한다. 많은 사람이 '나는 무엇이든 잘할 수는 없어', '이것 때문에 안 될 거야', '삶에는 어려운 게 너무 많아' 이런 식의 생각을 하고 삶의 장애물을 피하기 위한 선택을 한다. 때로는 힘듦을 피하기 위해 아무것도 하지 않는다. 아무것도 하지 않으면 위험을 피할 수 있기 때문이다. 그동안 이 사람의 머릿속에는 부정적인 생각만 차오른다. 그걸 했을 때의 부정적인 결과, 그걸 하지 않았다는 불안과 초조함, 안 한 만큼 행복해질 수 있을까 싶은 불안이 그것이다.

삶의 행복을 위해서는 목적이 있어야 하는데, 그 목적은 누군가가 찾아주지 않는다. 삶의 목적을 직접 찾는 게 현대사회에서 실존해야 하는 개인의 책임이다. 어쨌든 목적이 있어야 사는 게 수월해진다는 점은 틀림없다. 목적이 없으면 내 삶에 대한 통제감을 잃고 불안에 시달리게 된다. 현대인이 불안과 우울에 시달리는 이유 중 하나가 목적이 없어서다. 그런데 목적을 설정하지 않는 이유는 어차피 그걸 이루어낼 수 없을 것 같아서다. 이 악순환에서 벗어나야 한다.

삶의 통제력을 확장하는 또 다른 방법은 관심의 확장이다. 많은 심리학자가 행복하기 위해, 또는 삶의 의미를 찾기 위해 다른 사람이나 사회에 관심사를 돌리라고 조언한다. 주의와 관심을 스스로에게만 두면 목적을 달성하고 나서는 목표를 잃는 상황이 발생할 수 있고, 불안과 장애물을 피하는 데 많은 시간을 들이며 초조함만 느낄 수도 있다. 그렇지 않으려면 다른 사람에게 시선을 돌릴 필요가 있다. 지역 사회에서 할 일을 찾거나 봉사할 수 있는 일을 찾거나 하는 등 삶의 의미와 통제감을 느낄 수 있는 대상을 여러 부분으로 확장시키는 것이다.

보통 심리학에서는 모든 문제 해결의 답이 개인에게 달렸다고 말하는데 개인이 마음을 바꾸어야 할 부분이 있고 사회적인 구조나 제도가 개선되어야 할 부분도 있다. 그런데 구조나 제도를 바꾸는 입장이 아니라면 꾸준하게 관심을 가지고 국민으로서 의사 표현을 하는 것도 개인이 할 수 있는 일이다. 또 지역 사회에서 제공하는 자원하에 다른 사람과 연대하고 협력하는 방법도 있다. 조금 더 행복한 삶을 위해 돈을 버는 경제 활동도 당연히 필요하다. 이렇게 점차 내 주변으로 관심사를 돌리고 통제력을 늘릴 수 있는 일이 많다.

열심히 노력해도 당장 결과가 나오지 않을 수도 있다. 모든 일에서 결과가 나와야만 할까? 그렇지 않다. 그래서 온갖 노력을 해도 쓸 데가 없다, 안 될 것 같다는 생각이 들면 나라 밖으로 나가는 것도 하나의 방법이다. 불만과 부정적인 생각이 가득한 채로 우리나라에서 계속 사는 것은 본인에게도 다른 사람에게도 좋은 선택은 아니다. 능력이 되면 다른 삶의 터전을 선택해 개척하는 것도 실존의 한 방법일 수 있다. 여러 가지 방향을 열어 두고 불안과 불확실성 속에서 내 삶을 사는 방법으로 좀 더 깊이 있게 들어와 보자.

불안하고도 불편한 삶을
끌어안는 방법

불안한 삶을 껴안기

부자 되기 열풍도 일종의 유행이다. 주식이나 재테크에 관심이 없지만 나만 뒤처지는 것 같고 서점에 가거나 TV를 틀어도 모두 부자 열풍에 관한 이야기만 하는 것 같다. 사실 이 흐름은 2000년대 초반부터 지속된 사회 분위기다. 부동산 열풍과 주식 열풍, 코인 열풍으로 이어지는 현상을 보면 부를 축적하는 것이 한국인들에게 중요한 기준이 된 듯하다. 물론 일시적인 유행도 있겠지만 부자 되기 열풍은 한동안 지속될 것으로 보인다. 대신 지금까지와는 달리 흐름 자체가 바뀔 수도 있다. 한국인들은 사회의 흐름에 민감하며 그것이 옳다고 생각하면 지금까지의 방법을 단번에 포기하고 새로운 길을 선택해 왔다.

　　지금까지 부자 되기 열풍이 존재하는 이유는 그 유행에 편승했을 때 얻을 수 있는 것이 존재했기 때문이다. 그런데 부동산도 무조건 돈을 번다는 보장이 없고 주식이나 코인은 큰돈이 사라질 수도 있기에 위험 부담이 너무 높다. 결국 어느 순간에는 부를 따르는 삶의 목적에 회의가 느껴지는 시점이 올 것이다. 그럴 때 한국인들은 상당히 빨리 그 흐름에서 벗어나 자기 삶을 살 수 있으리라 본다. 그리고 자신의 삶을 살아가는 방법에 대해서는 다양한 조언이 있다.

　　덴마크의 철학자 키에르케고르(Kierkegaard)는 "불안을 받아들여라"라고 말했다. 세상에 불안하지 않은 사람은 없다. 각자의 이유로 우리는 불안한 시대를 살고 있다. 이건 누구에게나 똑같은 일이다. 나만 이 불안에 잠식될 필요는 없다. 나는 왜 불안한가? 만약 "나는 기후 위기 때문에 불안하다"라면, 거시적인 문제는 개인이 할 수 있는 일이 많지 않다. 물론 기후 위기와 지구 온난화를 늦추기 위해 할 수 있는 건 하고 목소리를 낼 수 있는 건 내고 시민 사회의 일원으로서 실천할 수 있는 일은 해야겠지만 그 불안에 잠식되어 아무것도 못 해서는 안 된다.

결론적으로는 불안의 이유에서 또 다른 나의 모습을 찾고 '내가 이것 때문에 불안했구나'라고 인정하는 것이 필요하다. 불안을 경험하지 않으려면 그 부분을 개선하든지 그 부분까지 받아들이든지 내가 할 수 있는 선택지를 찾고 할 수 있는 일을 늘려가야 한다. 그래야 불안을 마주하고 불안의 실체에서 나를 만날 수 있는 계기를 찾을 수 있다.

독일의 철학자 칼 야스퍼스(Karl Jaspers)는 한계 상황이라는 개념을 제안했다. 누구나 살다 보면 한계를 만난다. '나는 여기까지인가 보다. 아무리 용을 써도 더 이상 안 되겠다. 여기가 끝인가 보다.' 이런 생각이 들었다면 한계에 좌절해야 할까? 더 이상 아무것도 하지 않아야 할까? 한계 상황에서 무언가를 발견하고 뭔가를 더하느냐는 큰 차이가 있다. 한계에 닥쳤을 때는 좌절하기보다는 내가 무엇 때문에 한계를 만났고 무엇 때문에 이것을 한계라고 생각하는지를 파악해야 한다. 나의 범위, 할 수 있는 일의 범위, 할 수 있는 일의 종류를 찾는 것이 좌절에 대처하는 방법이자 한계 상황에서도 할 수 있는 일이다.

프랑스의 작가 장 폴 사르트르(Jean Paul Sartre)는 "삶은 b와 d 사이의 c다"라고 했는데 b는 birth(탄생), d는 death(죽음) 그리고 c는 choice(선택)다. 우리는 매 순간 선택을 해야 한다. 특히 현대사회를 살아가는 우리들은 자기의 삶을 자기가 선택해야 한다. 때로는 선택의 무게가 무척 크다. 그래서 '이 선택을 해서 불이익이 생기면 어떡하지?' 하는 불안 때문에 점점 선택하지 않으려고 한다. 미국의 정신분석학자이자 사회심리학자 에리히 프롬(Erich Fromm)의 책《자유로부터의 도피(Escape from Freedom)》는 무한한 선택의 자유에서 현대인들이 느끼는 불안을 잘 설명한다. 사르트르는 "인간은 자유로 단죄받았다"라고까지 단언한다.

물론 아무것도 하지 않는 것도 선택이다. 그리고 아무것도 하지 않았을 때의 결과에는 자신이 책임을 져야 한다. 선택하지 않은 일로 불행할 필요도 없다. 내가 태어난 나라, 내가 태어난 성별, 내가 태어난 가족, 이런 것을 이유로 "나는 왜 여기서 태어났지?"라고 누군가를 원망한다면 삶의 행복과 중심을 자신에게 가져올 수 없다. 선택의 순간에 사람은 통제력을 가질 수 있고 거기에서부터 삶의 의미나 즐거움이 시작된다는 측면에서 현명한 선택이 필요하다.

어떤 종류의 불편함은 견뎌야 한다. 건강하고 멋진 몸을 갖고 싶으면 지루함을 이기면서 운동을 해야 하고 근육통을 버티면서 지속해야 한다. 고시나 시험에 합격해서 성공하고 싶으면 놀고 싶어도 책상 앞에 앉아 피터지게 공부해야 한다. 무언가를 창작하는 일도 굉장히 고통스럽다. 그러나 그 열매를 따기 위해서는 고통을 견

더야 한다. 즐거움과 행복이 가득한 삶이라고 해서 그 삶에 불편함과 고통이 없다는 뜻은 아니다. 나의 선택이라면 이런 불편함과 고통도 즐겁게 받아들일 수 있지 않을까?

소확행보다는 내면의 목소리에 귀 기울이기 ─────

최근 화제가 되는 단어인 '소확행', 즉 '소소하지만 확실한 행복'만으로는 진정한 삶의 의미와 행복을 얻을 수 없다. 소확행은 삶의 목적을 가지고 긴 여정을 떠날 때 잠시 들르는 휴게소 같은 것이다. 너무 힘들어서 더 이상 갈 수 없겠다 싶을 때는 휴게소에 들러 쉬면서 낮잠도 자고 맛있는 것도 먹는다. 장애물에 걸려 넘어져서 다쳤을 때 약을 바르고 붕대를 감고 다시 일어날 수 있도록 도와주는 것이 소확행이지 소확행 그 자체가 행복이 되는 목적 없는 삶은 안 된다.

사람인에 따르면, 성인 남녀 4,229명을 대상으로 한 설문조사에서 60.2퍼센트가 해외 이민을 가고 싶다고 응답했다. 43.3퍼센트는 삶의 여유가 없어서, 43퍼센트는 새로운 경험을 해보고 싶어서, 41퍼센트는 복지 제도가 좋은 나라에서 살고 싶어서, 34.1퍼센트는 상대적 박탈감을 느껴서가 그 이유라고 했다. 하지만 한국에서 만족하지 못해 해외로 간다고 한들 자유롭고 풍족한 삶을 살 수 있을까 고민이 필요하다.

내 삶을 사는 이들은 자유롭다. 1997년 개봉한 영화 〈샤인(Shine)〉의 주인공 데이빗 헬프갓은 천재 피아니스트지만 자신보다 더 재능 있는 경쟁자의 존재 때문에 굉장히 좌절했었다. 그 좌절 때문에 인생을 잃고 정신 분열이 오고 수십 년을 정신병원에서 보냈다. 그런데 어느 순간 '내가 좋아하는 건 피아노였구나'라는 진실을 깨닫고 피아노를 자신의 삶으로 받아들인 다음부터 경쟁자의 콘서트에서도 아낌없이 박수를 칠 수 있었다.

나의 삶을 사는 사람들은 다른 사람과의 비교에 의미를 두지 않는다. 다른 사람과의 비교나 상대적 박탈감에서 자유롭다. 누가 명품을 사면 "좋겠네", 누가 성공하면 "축하해"라고 말한 다음 묵묵히 자신의 삶을 살아간다. 그것은 그 사람의 행복이지 내 행복이 아니기 때문이다.

법륜 스님은 "인생에 정답은 없습니다. 선택한 대로 사는 거죠. 그런데 망설이는 것은 선택에 대한 책임을 지고 싶지 않기 때문입니다"라고 말했다. 자유로부터 도피하는 것이다. 하지만 선택은 해야 한다. 그 선택은 지금 여기서 해야 한다. 꼭 한국에서 하라는 말이 아니다. 내가 나로서 살아가는 이 순간, 내가 관계를 맺고 책임을 가진 이 공간, 이 사람들 사이에서 삶의 의미를 찾아갔으면 좋겠다는 뜻이다.

마지막으로 내면에서 오는 목소리를 따라서 살아가라고 당부하고 싶다. 내면의 목소리를 따르는 것은 다른 이들의 요구에 따르는 것도 아니고, 사회가 주입한 욕망을 내 욕망으로 착각하는 것도 아니다. 치열한 성찰 끝에 찾아내 누구의 눈치를 볼 필요도 없고 누군가를 만족시킬 필요도 없는 본연의 내 요구. 그것은 남부러울 필요도 없고 남의 눈치를 볼 필요도 없고 상대적 박탈감을 느낄 필요도 없는 영역이다.

물론 삶을 어느 정도 윤택하게 유지하기 위한 최소한의 부는 필요하고 그것을 얻기 위해서 노력하는 사람들은 존경스럽다. 노력한 결과, 원하는 대로 부자가 되면 그것도 좋은 일이다. 하지만 그것은 그 사람의 삶이다. 내 삶의 이유는 자신에게서 비롯되어야 한다. 독자 여러분께서도 진실한 삶의 이유를 찾아서 자신만의 인생을 살아가시기 바란다.

피에르 부르디외(Pierre Bourdieu)

1930년에 태어나 2002년에 사망한 프랑스의 사회학자로 사회학뿐만 아니라 인류학, 문화예술, 교육 등에도 영향력을 미쳤다. 국가의 고등교육 시스템이 불평등 유지에 활용되고 있다고 비판하면서 사회적 불평등에 대해 연구했다. 꾸준하게 신자유주의의 세계화에 반대하기도 했다.

아비투스(habitus)

피에르 부르디외가 제시한 개념으로, 인간의 행위를 상징하는 무의식적인 성향을 뜻한다. 교육 등을 통해 상속되는 무의식적인 가치 체계로 사람들이 의식적으로 파악하기는 어렵다. 아비투스를 바탕으로 사회에서 살아가기 위한 욕망이 발생한다.

자크 라캉(Jacques Lacan)

1901년에 태어나 1981년에 사망한 프랑스의 정신분석학자이자 정신과 의사로 '프로이트 이래로 가장 논란이 많은 정신분석가'로 소개된다. "인간은 타자의 욕망을 욕망한다"라는 명제로 인간은 진짜 주체인 내가 아닌 사회적으로 둘러싸인 타인의 욕망을 무의식적으로 욕망하게 된다고 말했다.

칼 융(Carl Jung)

1875년에 태어나 1961년에 사망한 스위스의 정신분석학자이자 정신과 의사로 분석심리학을 창시했다. 정신의학뿐 아니라 인류학, 고고학, 문학, 철학에도 영향을 미쳤고 프로이트와의 우정으로도 유명하다.

개성화

칼 융이 제안하는 개념으로 내가 인식하는 나는 페르소나라든가 지금까지 살아온 어떤 버릇 같은 자아에 가까운 개념일 수 있다. 이것은 진정한 내가 아니기 때문에 그림자와 나 또는 이전까지의 내 모습을 없애고 다시 나를 찾아가는 과정을 거쳐 나답게 사는 삶을 살아야 한다는 것이다.

빅터 프랭클(Viktor Frankl)

1905년에 태어나 1997년에 사망한 오스트리아의 정신과 의사이자 홀로코
스트 생존자다. 인간이 삶의 의미를 찾는 방법으로 우울증을 치료하는 의
미 치료를 시작했다. 강제 수용소에서의 경험을 바탕으로 한 《죽음의 수용
소에서》를 출간하며 전 세계에 의미 치료의 중요성을 전달했다.

의미 치료

빅터 프랭클이 제안한 정신 치료로 나치 수용소에서도 삶의 동기를 잃지
않고 태도를 바꾸지 않는 사람들을 보면서 시작되었다고 한다. 마음이 힘
들고 우울하고 불안한 사람들에게 삶의 의미를 찾아주는 치료로 한 사람의
삶이 달라지고 삶의 방향이 달라진다.

키에르케고르(Kierkegaard)

1813년에 태어나 1855년에 사망한 덴마크의 철학자로 자유로운 선택 아래
에서 실존하는 인간에 대한 실존주의 철학을 연구했다. 신앙의 힘을 중시
했으나 인간은 합리적인 이성의 산물이라 믿었다.

장 폴 사르트르(Jean Paul Sartre)

1905년에 태어나 1980년에 사망한 프랑스의 철학자이자 극작가, 소설가, 정치운동가, 문학평론가로 실존주의 철학을 대표하는 인물이다. 인간의 허무에서 벗어나기 위한 철학적 고민과 변화하는 사회에서 지식인의 역할에 대해 끊임없이 고민하고 행동했다. 1964년 노벨문학상을 수상했다.

심리

권일용 저 | 『내가 살인자의 마음을 읽는 이유』
권수영 저 | 『관계에도 거리두기가 필요합니다』
한덕현 저 | 『집중력의 배신』

경제

김영익 저 | 『더 찬스 The Chance』
한문도 저 | 『더 크래시 The Crash』
김두얼 저 | 『살면서 한번은 경제학 공부』

과학

김범준 저 │『내가 누구인지 뉴턴에게 물었다』
김민형 저 │『역사를 품은 수학, 수학을 품은 역사』
장이권 저 │『인류 밖에서 찾은 완벽한 리더들』

인문/사회

김학철 저 │『허무감에 압도될 때, 지혜문학』
정재훈 저 │『0.6의 공포, 사라지는 한국』
권오성 저 │『당신의 안녕이 기준이 될 때』

고전/철학

이진우 저 │『개인주의를 권하다』
이욱연 저 │『시대를 견디는 힘, 루쉰 인문학』
이시한 저 │『아주 개인적인 군주론』